Gestión De Negocios – MBA En La Práctica

Cómo organizar tu empresa en 100 días

Claudio Pires

This book is for sale at http://leanpub.com/gestiondenegocios

Esta versión se publicó en 2023-07-18

Leanpub

"Sol, girasol, verde, viento solar. ¿Todavía quieres vivir conmigo?
Viento solar y estrellas de mar. Un girasol del color de tu pelo.
Todavía me gusta bailar, ¡buenos días! ¿Cómo estás?" – Lô Borges

"Prométeme que no crecerás distante. Promete que serás así para
siempre. Promete esa sonrisa radiante Cada vez que pienses en mí.
Promete cuidar bien tus rizos. Y abrazarme siempre cuando llegue.
Prométeme sonreír siempre con los ojos. Y cantar canciones en la
sala" – Ana Vilela

Contents

MISIÓN

Escribo sobre todo lo que me gustaría que ya hubieran escrito y que también echaba de menos leer. Comunico sólo sobre lo que ya viví, experimenté, aprendí, me equivoqué y necesitaba organizar en mi cabeza, para un mejor desempeño profesional. Escribo y comunico con teoría y práctica, equilibrando lo simple y lo complejo, para un mundo empresarial mejor. Que mis libros también promuevan tu carrera, tu trabajo, tu equipo, tu sector de trabajo y tu empresa.

VISIÓN

Busco establecer una carrera conjunta como autor, instructor, consultor y gestor, a través de un amplio contenido propio, un reconocido desempeño innovador, continuas soluciones creativas y una real entrega de valor a quienes me prestan su tiempo y atención; siguiendo, todos nosotros, por una trayectoria ejecutiva de liderazgo, reputación y mejores resultados empresariales... en renovada asociación y confianza.

EN LA PRÁCTICA

¡Hazlo! Te criticarán de todos modos... (risas). El mundo ya tiene demasiada gente que busca el beneficio; el mundo necesita más gente que busque la calidad. En lo que hagas, hazlo lo mejor que puedas. Y hazlo todos los días. Sé consciente de lo que representas. Busca la verdad que une teoría y práctica. Posterga tu reconocimiento. Confía en el camino. Comunícate, siempre, como con un amigo. Comprende tus dolores, pero déjalos en el pasado. Domina tus palabras y estimula tus acciones. Lee y relee. Haz y vuelve a hacer. ¡Repite muchas veces! Luego aprende de lo que has hecho: siéntete justificadamente orgulloso. Tómate tu tiempo para revisar tu proceso una vez más. Vuelve a centrarte en lo que estás haciendo, ahora. ¡Presta atención! Ordena tus ideas. Avanza con calma, pero avanza siempre. Continúa así durante 1 mes, 1 año, 10 años, 1 vida. Transforma tus cicatrices en un uso creativo. Debes saber por qué lo haces. Haz lo que hay que hacer; cuando hay que hacerlo. Haz algo más y no pares. ¡Exprime tu cabeza! (risas) Escribe la primera frase y crea en ella. Escribe tantas frases como puedas. Sigue el flujo de la escritura. La competición es interna, con nosotros mismos. Trabaja tu técnica; estudia lo que tengas que estudiar. ¡Nada más! Debes saber cuándo ir al grano y cuándo introducir un nuevo concepto. Sé ágil, pero no te precipites. Confía en la memoria y la inteligencia de tu trayectoria. Sigue el camino que mejor te cuide. Transforma las resistencias en colaboraciones. Cuando todo vaya mal, aún puedes recurrir al arte (siempre nos quedarán las canciones de Paul McCartney)... Desafía los límites, sé amable y reúne socios. Trabaja no para convertirte en el mejor profesional, sino para ser mejor persona; ¡la mejor versión de ti mismo! Desarrolla tu trabajo hasta el estado del arte, profundamente. Acepta las críticas igual que aceptas los elogios. Si sabes cómo hacerlo, demostrarás tu experiencia. Descarta los comportamientos innecesarios. Muestra tu toque personal. Trabaja sin miedo. Reconoce nuevas verdades cuando las oigas. Sigue avanzando. Cuando vayas más allá, sigue avanzando un poco más. No dejes de cambiar. Acepta las imperfecciones de los borradores. Entrégalo, sin preocuparte por recibirlo de vuelta. Pero ¡recibe con gratitud! No te molestes tanto por los que no quieren ser ayudados. Lee a los que han escrito antes que tú. Anima a los que te seguirán. Sal de la "caja", del camino limitante. Despierta, estás preparado: olvida todas las reglas e improvisa. ¡Olvida todas las reglas e improvisa!

"SMALL TALK"

" ¡Hola! Otra vez, somos tú y yo... Como siempre solía ser: bebiendo vino, pasando el tiempo, tratando de resolver los misterios de la vida. ¿Cómo está tu vida? Ha pasado un tiempo... ¡Dios Mío, como es bueno verte sonreír! "–Bon Jovi, " (You Want To) Make A Memory"

No basta con ser puntual, a la hora exacta de la reunión: gran parte, de lo que siempre sigue, suele ser preparado (o facilitado) cinco a diez minutos antes, por quienes están allí con una mínima anticipación del horario oficial.

Así, el término *"small talk"* se utiliza comúnmente para designar esta conversación breve e informal, que no trata directamente, ninguno de los temas programados.

Puede parecer de poca importancia, pero no te equivoques: es un ritual natural para un mejor acercamiento entre las personas, en los negocios y en la vida.

Exactamente como se propone aquí este capítulo, de **introducción**: ¡en una reunión respetuosa y agradable, ligera y estratégicamente posicionada! ;-)

La Papelería Casa Encantada

¡Mi esposa ha abierto una papelería!

En el 2022. Empezando desde cero. Papelería Casa Encantada[1].

Una **micro empresa**. **Online**.

Y vi que mis libros de negocios seguían sin ser útiles para ella...

---

[1] http://www.papelariacasaencantada.com.br/

"Gestión Por Procesos" o "Gestión Por Objetivos" serían libros más interesantes y apropiados para utilizar desde una **pequeña empresa**.

La indicación natural sería la edición anterior de este "Gestión de Negocios", pero también estaba atascado en la pequeña o **mediana empresa** y, para colmo, muy centrado en el cargo del CEO[2].

Por lo tanto, conoce ahora un fuerte motivador de esta versión 2023, mucho más allá de una simple revisión de la nueva edición: repensar y reescribir el libro sobre **"cómo organizar tu empresa en 100 días"**, aplicable a cualquier tamaño; ¡**micro, pequeña, mediana o gran empresa**!

Además, entender que el nuevo escenario de actuación profesional, ya no requiere el trabajo diario presencial, en colaboración física de los empleados o reuniones en la misma dirección con los socios del negocio: el **"online"** es bastante disruptivo y está plenamente consolidado en la globalización del mundo moderno.

Cuanto más escribo, más observo. Cuanto más me comunico, más aprendo. ¡Avancemos y así, juntos, en un ciclo de prosperidad mutua!

CPBiz Escuela de Negocios

¿Cuántas canciones nos han hablado de dar tiempo al tiempo? ¿De no intentar acelerar aquello que corre por si solo? ¿De que el destino nos lleva por caminos sorprendentes?

Recuerdo que mi primer libro publicado surgió de la idea original de un pequeño cuaderno de menos de 50 páginas, en el 2017, como una pieza de marketing dirigida a los principales clientes y buscando aportar valor de gestión a la marca de la empresa.

---

[2]https://es.wikipedia.org/wiki/Director_ejecutivo

En aquella época, algunas innovaciones sufrían resistencias internas a su implementación y decidí someter tales iniciativas a la prueba del mercado, presentándolas a la opinión pública especializada y sin ningún filtro impuesto por la estructura jerárquica.

¡Funcionó! ;-)

Hoy estamos aquí, con unos pocos libros publicados, pero con resultados que nos permiten vislumbrar todo un nuevo modelo de negocio, sustentable y placentero: a partir de una colección de material didáctico propio, ¡formar redes de lectores, alumnos y empresas!

Puedo escribir libros, traducir libros, grabar clases, preparar profesionales, orientar empresas, dar conferencias en el país, viajar por el mundo y gestionar negocios.

Por lo tanto, una segunda motivación para reescribir este libro, muy similar a la primera, de la Papelería Casa Encantada: a partir de cero y empezando online, como organizar la nueva **CPBiz** en 100 días, preparando las evoluciones entre las micro, pequeñas, medianas y grandes empresas.

¡Tu participación, en esta **comunidad** ("común unidad"), será siempre muy bienvenida!

Fonte Medicina Diagnóstica

Desde el 2012, actúo, a tiempo completo, como CEO de Fonte Medicina Diagnóstica[3], laboratorio especializado de patología oncológica, molecular y quirúrgica, reconocido por su posición de liderazgo y reputación en el diagnóstico oncológico nacional.

Fonte Medicina Diagnóstica, en clara atención a su cultura de procesos, ciencia al servicio de la salud y verdadero respeto por la

---

[3]https://fontemd.com/

vida, es el laboratorio de patología más reconocido en anatomía patológica de todo el estado de Río de Janeiro, en calidad comprobada por un conjunto de **sellos de gestión con excelencia**: de la ONA (Organización Nacional de Acreditación[4]), de la Sociedad Brasileña de Patología (PACQ-SBP) y ISO 9001 (ABNT)... año tras año, desde el 2016.

Nuestro compromiso, de seguir trabajando intensamente en los principios de respeto a todas las personas y de respeto a sus ideas de mejora, está ciertamente reflejado en este texto y pone de evidencia otro ejemplo real de la transformación ejecutiva de empresas de diferentes tamaños: ¡**micro, pequeñas, medianas o grandes empresas**!

Un MBA Personal

De la traducción literal de la sigla MBA, tenemos "Master en Administración de Empresas" (del inglés, "*Master of Business Administration*"): un título de posgrado, de la especialización práctica de los profesionales y diferente de la propuesta académica de los programas de maestría.

En Brasil, acabó extendiéndose mucho más allá de sus áreas originales, de la gestión empresarial y gestión de proyectos, y se ha establecido como una continuación casi obligatoria de la enseñanza superior, dado el notable abismo a recorrer entre las universidades y las empresas (próximo libro; risas).

Pero, ¿cómo contribuye un MBA a la práctica de las empresas?

¿Y por qué una empresa no podría incorporar la propia práctica de un MBA?

Mmm, me dijeron que una empresa está formada por personas...

---

[4]https://pt.wikipedia.org/wiki/Organiza%C3%A7%C3%A3o_Nacional_de_Acredita%C3%A7%C3%A3o

¡Siguiendo este razonamiento lógico, la solución siempre estará en el individuo que lleva su propio MBA: un **MBA Personal!** ;-)

Si no, observa una demostración más detallada, a continuación: la matriz curricular típica de cualquier MBA.

• Visión Sistémica del Sector de Actuación

• Gestión Estratégica

• Operaciones y Gestión de Calidad en el Sector de Actuación

• Innovación y Emprendimiento

• Incorporación de Nuevas Tecnologías

• Finanzas

• Marketing y Relación con los Clientes

• Gestión de Personas

• Sistemas de Gestión

• Actividades Vivenciales

• Habilidades Interpersonales

• Trabajo de Conclusión de Curso

Seriamente, creo que el primer ejercicio de la primera clase de cualquier MBA, debería ser: "**identifica, en tu empresa, actividades continuas que garanticen el respectivo aprendizaje**, de las disciplinas que componen nuestro cronograma de estudios".

Una dinámica mágica, enriquecedora, para "abrir la mente"; pero eso acabaría con la necesidad de matrícula de algunos alumnos... (risas)

Aprovecha, entonces, para hacerlo ahora: ¡establece, tú, tales correlaciones, entre conceptos y ejecuciones; de lo que quieres aprender en teoría y lo que ya está disponible para colaborar en la práctica, en tu ambiente de trabajo y en este libro!

Inmediatamente, algunos ejemplos serán asociaciones fáciles; otros, pueden venir con más atención e iniciativa.

Lo que intento rescatar es que, cuanto más se involucran las personas con la empresa, objetivamente más practican las lecciones de un MBA especializado: ¡porque las oportunidades existen y son reales!

Cada negocio tiene su material interno para un MBA; y cada profesional es su propio MBA, en capacidad y madurez.

Por eso, en los capítulos siguientes, "saboree" cada párrafo, porque cada párrafo cuenta (en una redacción "en la práctica", escrito "directo al grano").

Que este libro te sirva de referencia a largo plazo en conocimientos prácticos para un mundo empresarial mejor, ¡en compañía a lo largo de tu trayectoria de crecimiento!

Así que, cuando te pregunten " ¿estás listo para trabajar?", piensa "si no soy yo, ¿entonces quién?" y responde un asertivo "¡sí!". ;-)

Sobre la Organización del Libro

Respetando la propuesta original, serán 100 días hábiles, un capítulo a ejecutar por semana, a lo largo de 5 meses de implementación: "cómo organizar tu empresa en 100 días"; ¡en una grata diversión y un enriquecedor desafío, para quien lee y para quien escribe!

MES 1 "LIDERAZGO"

• Semana 1: Gestión de Riesgos

• Semana 2: Modelo de Negocio

• Semana 3: Objetivos Estratégicos

• Semana 4: Equipos de Trabajo

MES 2 "GESTIÓN DE LA CALIDAD"

- Semana 5: Gestión de Ceremonias

- Semana 6: Gestión Por Procesos

- Semana 7: Gestión de Documentos

- Semana 8: Gestión de Resultados

MES 3 "GESTIÓN FINANCIERA"

- Semana 9: Gestión de Ingresos

- Semana 10: Gestión de Costos

- Semana 11: Contabilidad Ejecutiva

- Semana 12: Gestión de Relaciones

MES 4 "GESTIÓN ADMINISTRATIVA"

- Semana 13: Gestión de la Regularidad

- Semana 14: Gestión de Personas

- Semana 15: Gestión de la Comunicación

- Semana 16: Gestión del Mantenimiento

MES 5 "GESTIÓN INTEGRADA"

- Semana 17: Mejora Continua

- Semana 18: Plan de Entrenamiento

- Semana 19: Expansión Empresarial

- Semana 20: Gestión de la innovación

Además, como complemento a la nueva edición renovada, tendremos, en cada capítulo, unas secciones fijas, de discusiones estandarizadas y garantizadas, a continuación.

- **"Micro, Pequeña, Mediana, Grande u Online"**

- **"¿Quién era yo antes de este capítulo?"**

- **"El Proceso Mapeado"**

Al final, habremos formado una base muy sólida, unos cimientos firmes para próximas arquitecturas, sustentando cualquier tipo y tamaño de negocio; con las premisas (requisitos fuertes) de una lectura fluida, llena de comentarios personales desde mi experiencia ya probada.

Un verdadero **MBA En La Práctica**, como se anticipó y como queremos demostrar, ¿cierto?

• Visión Sistémica del Sector de Actuación

• Gestión Estratégica

• Operaciones y Gestión de Calidad en el Sector de Actuación

• Innovación y Emprendimiento

• Incorporación de Nuevas Tecnologías

• Finanzas

• Marketing y Relación con los Clientes

• Gestión de Personas

• Sistemas de Gestión

• Actividades Vivenciales

• Habilidades Interpersonales

• Trabajo de Conclusión del Curso

Ah, para el "**Trabajo de Conclusión del Curso**" ¡se aceptarán sus valiosos **comentarios**, como respuesta! ;-)

¡Bienvenido y disfruta de la buena lectura!

MES 1 "LIDERAZGO"

- Semana 1: Gestión de Riesgos
- Semana 2: Modelo de Negocio
- Semana 3: Objetivos Estratégicos
- Semana 4: Equipos de Trabajo

Acéptalo: todos los "focos" ya están sobre ti, esperándote.

Después de todo, ¡has sugerido "organizar la empresa en 100 días"! ;-)

Así que no lo dudes: sólo llega con **serenidad**, con energía tranquila y asertiva, sin tanta ansiedad.

Sí, ¡sabes que eres capaz! ¡Sabes que es posible!

Y ya en el primer mes empezarás a señalar el camino, a comunicar las nuevas directrices, a organizar a todos los que están bajo tu mando para una necesaria y verdadera transformación ejecutiva.

Se espera de ti que seas la **"Voz del Capitán"**: una voz de mando; una que pueda seguir siendo amable y no violenta, siendo siempre percibida como la comunicación del liderazgo.

En la frase del navegante Amyr Klink[1], "un rumbo y una dirección marcan la diferencia en cualquier situación".

Por tanto, no te equivoques: debes mostrar ya, con prontitud, algunos nuevos resultados, ejecutivos y operativos, aunque sean preliminares.

Es previsible que la incertidumbre sea elevada y que haya que establecer cuanto antes una relación de verdadera confianza.

---

[1] http://a.co/d/ha2jEPd

Los avances de los próximos capítulos de este libro te ayudarán, en deseada simulación, suave, de este cronograma que requiere clara habilidad y negociación.

En el primer mes, nos ocuparemos del liderazgo: sobre los **riesgos**, **el negocio**, **la estrategia** y los **equipos**.

Semana 1: Gestión de Riesgos

"Cuando estás al borde de un precipicio, no miras hacia abajo hasta que estás preparado y listo para volar. Ahora, estoy un paso más cerca, con los brazos abiertos. Sí, estoy un paso más cerca y listo para intentarlo esta vez." -- Bon Jovi, "One Step Closer"

Mes 1, semana 1, día 1, reunión 1: ¡comienza por los riesgos!

Sí, ¡los riesgos primero!

No importa lo que digan los "manuales" de gestión, que siempre tratan los riesgos como un tema avanzado, empezando siempre por la mitad final de los capítulos...

¿Resulta gracioso, ¿verdad? Todo "en llamas" y llega el nuevo gestor hablando de sus teorías y conceptos a largo plazo.

Y como la vida real no es así, estén seguros de que los riesgos son el tema que ya puede poner todo a perder, desde el principio, a corto plazo, sin permitir ningún próximo avance planificado.

Así que no veo otra salida; al fin y al cabo, también necesitas mantener tu cargo y sentirte seguro. ¡Trabajar con miedo nunca ha sido una estrategia inteligente ni duradera!

Por lo tanto, la comprensión básica y la buena implementación de la gestión de riesgos son tareas básicas e inmediatas del liderazgo.

Repito, tareas básicas e inmediatas.

Identificación de Riscos

¿Qué necesita ser hecho?

"No hay nada tan inútil como hacer, eficientemente, lo que no se debería hacer", decía Peter Drucker[1], y jamás trataríamos de "jugar a trabajar", en este libro.

En la primera reunión de reorganización, siéntate en privado con los socios (o representantes de la alta gerencia o principales líderes) para enumerar simplemente "lo que ha ido mal", "lo que podría ir mal" y "lo que deberíamos estar haciendo bien".

En esta reunión ejecutiva de alto nivel, no es necesaria ninguna preparación ni formalidad; basta con tomar nota de todas las insatisfacciones que allí se señalen, ya que son tu "mapa del tesoro".

Así, a continuación, traduce, agrega y compila (con mucha atención) tu versión "pasado a limpio" de una **primera ronda** de identificación de riesgos. Parece sólo una "lista ordenada de elementos" sin categorización ni columnas adicionales de información; pero desde ese primer instante ya tienes un valioso material de trabajo, para supervisar.

Para pasar a una identificación más completa, repite dicha ceremonia con tu siguiente nivel jerárquico inferior; tal vez, un equipo más operativo (o una red de especialistas). Una consulta directa por arriba y otra por abajo... para no perder demasiado tiempo en reuniones.

Una vez más, traduce, agrega, compila, "pasa a limpio" tu **segunda ronda** presencial de identificación de riesgos.

Después, utiliza cualquier herramienta de consulta electrónica para cuestionarios online (por ejemplo, *Google Forms*, *SurveyMonkey* etc.), contestados dentro del propio correo electrónico; y envuelve, sí, a todos los demás empleados de la empresa: ¡la **tercera ronda** está completa!

Al principio, para que no haya necesidad de entrenamiento conceptual, evolucione "paso a paso", incrementalmente; es decir, en el primer formulario, sólo pide a todos que señalen las situaciones

---

[1]https://es.wikipedia.org/wiki/Peter_F._Drucker

con las que se identifican y deja un campo libre para escribir "otros" riesgos aún no señalados en reuniones anteriores.

Seguirán apareciendo resultados muy interesantes y las personas se sentirán comprometidas, invitadas a colaborar, independientemente de sus diferentes formaciones académicas; y, los que escriban más, utilizando el campo opcional "otros", deberían, sí, recibir tu atención especial: te explicaré por qué...

El campo "otros", en esta primera encuesta de riesgo, es estratégico, ya que traduce proactividad, demuestra que un determinado individuo dedicó más tiempo y atención y ¡se arriesgó!

Puede parecer sutil, pero es muy común que las personas tengan miedo de las posibles faltas de ortografía y de su español escolar mal aprendido. Quien escribe más siempre llama mi atención, por un potencial liderazgo a desarrollar: ¡recuerda eso!

Aquí es importante utilizar la herramienta electrónica de cuestionario online, ya que agiliza la consolidación del número de respuestas; y suele traducirse, además, en análisis y gráficos estadísticos muy interesantes.

Finalmente, en 3 etapas rápidas, ¡habrás obtenido un **mapeo completo de lo que puede salir muy mal**!

Aunque no deja de ser una lista preliminar, también es una base sólida y colaborativa para cualquier acción de gestión que tenga por delante.

Y podrás ir a trabajar al día siguiente un poco más relajado...

Clasificación de los Riesgos

Partiendo de la lista anterior, ¡vamos a calificarla!

¿Cómo?

La siguiente propuesta es incluir atributos de probabilidad e impacto.

Probabilidad de que ocurra cada riesgo identificado.

Impacto causado cuando sucede cada riesgo identificado.

Por tanto, debemos establecer nuestras propias **escalas de puntuación**.

No hay reglas formales: yo las he utilizado durante mucho tiempo exactamente como se describe a continuación.

Para la escala de probabilidad...

- 1–sorprendido si ocurre
- 2–pequeña probabilidad de que ocurra
- 3 - sí, puede ocurrir
- 4–es probable que ocurra
- 5–me sorprendería que no ocurriera

Para la escala de impacto...

- 1–impacto insignificante
- 2–1 área afectada
- 3–2 o más áreas afectadas
- 4–genera una reducción de la calidad
- 5–hace inoperable el servicio

Vamos a comunicar entonces la lista completa de riesgos identificados (como resultado de un primer trabajo de colaboración) y solicitar que se rellenen adicionalmente los valores de probabilidad e impacto, según las escalas definidas.

Una vez más, el uso de alguna herramienta de consulta electrónica, a través de cuestionarios online, agilizará tanto el proceso de recopilación de datos como el de análisis de los mismos.

Ya podemos, al final de esta etapa de la gestión de riesgos, ordenar nuestra lista no por simple orden alfabético o por agrupaciones de categorías nominativas, sino de una forma mucho más rica: por **clasificación decreciente de probabilidad y de impacto.**

Los riesgos, que ahora aparecen más arriba en la lista, merecen obviamente más atención; debido a sus respectivas probabilidades de ocurrir y, cuando se materializan, sus respectivos grados más altos de impacto por parte de la organización.

El tiempo empieza a correr, pues ya hay conciencia del escenario urgente y una llamada a la acción: ¡has invitado y ya hay más gente participando y apoyando tu carrera!

Priorización de los Riesgos

La priorización de los riesgos es, fácilmente, una mera formalidad, ya obtenida por el paso anterior: basta multiplicar los números de probabilidad e impacto para obtener los resultados absolutos que representan, numéricamente, los respectivos riesgos.

La **prioridad** es, entonces, el producto de multiplicar probabilidad por impacto; y hace muy explícito qué riesgos merecen atención inmediata.

Nuestra clasificación de la lista de riesgos, por prioridad decreciente, resulta aún más fácil y objetiva.

Respuestas a los Riesgos

El objetivo práctico es reducir el valor de prioridad de cada riesgo; en otras palabras, matemáticamente: reduciendo tanto la probabilidad como el impacto.

Hay que actuar para que los riesgos no ocurran con tanta frecuencia y, si ocurren, no causen tanto daño a las operaciones de la empresa.

Esta estrategia se denomina "**respuesta al riesgo**".

Y entre las estrategias más conocidas están: aceptar, mitigar, eliminar, transferir o explotar.

"**Aceptar**" no requiere ninguna acción preventiva: me dejo llevar por la vida. En cambio, "**mitigar**" requiere un esfuerzo considerable y es la acción más común, de minimización progresiva. "**Eliminar**" es una situación final, deseada, pero no siempre posible. "**Transferir**" implica la participación de terceros, en delegación de la responsabilidad del riesgo a otros responsables. "**Explorar**" en cambio, se ocupa de las buenas oportunidades y no de las amenazas peligrosas.

Así, para cada riesgo, según su prioridad, debemos planificar una estrategia de respuesta respectiva.

Aunque existe esta conceptualización mínima, de estrategias implicadas, no suelo preocuparme tanto por garantizar que todos los implicados en esta colaboración tengan, formalmente, esa formación y esa comprensión teórica. Por esta razón, no suelo comunicar obligatoriamente mediante el uso de estas "respuestas": ¡aquí es más importante la participación amplia y libre!

Por lo tanto, para que nuestra lista sea 100% completa, es necesario que cada riesgo tenga su **descripción de la acción** a ser tomada, para hacer viable la estrategia prevista. ¡Y la redacción de esta acción para responder al riesgo es lo que realmente importa!

Es importante que cada acción sea clara: específica, alcanzable, relevante y a tiempo.

Monitorización de los Riesgos

¡Ahora viene la disciplina! ¡Y aquí comienza la **gestión**!

Una vez iniciada la ejecución de una lista con los riesgos identificados, clasificados, priorizados y planificados en las respuestas, debemos establecer el **ritmo** y e monitorizar los **resultados**.

De las etapas anteriores, tenemos un artefacto, un producto de trabajo, un primer activo organizativo que hay que mantener y versionar.

De la etapa actual, tenemos una ceremonia, un evento regular en agenda y calendario.

Asegúrese de que esas comunicaciones y esas reuniones se produzcan, con la frecuencia deseada: mensual es un buen comienzo, para el control necesario.

Cada mes, hay que repetir el proceso de consultar a las partes interesadas, recopilar datos, analizar los cambios, cuestionar la eficacia de las acciones de mitigación, comunicar los resultados y las estrategias actualizadas; ¡y así mantener todos los riesgos bajo control y a todo el mundo colaborando con la nueva cultura!

Un **control** deseado ya es evidente.

Relación de los Riesgos

Los errores generalmente tienen una granularidad menor que los riesgos.

Sin embargo, cuando un simple error traspasa los límites de la organización y afecta directamente al cliente, ¡se convierte en algo grande!

Es lo que yo llamo un "**error externo**".

Un error externo conlleva un deterioro inmediato de la marca de la empresa, debilita cualquier acción de marketing y daña nuestra imagen corporativa.

Aquí es donde la Gestión de Riesgos y la Gestión de Calidad se encuentran, en colaboración.

Es importante revisar el posicionamiento de los diversos controles de calidad, secuencialmente a lo largo del macroproceso de entrega de valor (principalmente en las interfaces entre actividades), de modo que cualquier error o riesgo siga siendo interno.

Si se siguen captando los errores internos, tenemos una señal dinámica de aprendizaje y evolución de los equipos. Pero cuando la cantidad de errores internos crece demasiado, suelen "desbordarse" fuera de los límites físicos; y entonces cualquier incidencia de error externo es realmente muy perjudicial para las operaciones.

Así que me gusta esta complementación del impacto: de **contabilizar los errores internos y los errores externos**, para que podamos seguir acertando en la gestión de la relación con el cliente, desde la perspectiva de la gestión de los riesgos.

Modelización de los Riesgos

Con la práctica regular del seguimiento de los riesgos y la identificación continua de errores internos y externos, empezamos a formar un "cuerpo de conocimiento" que ya requiere cierta abstracción adicional.

No se trata de burocracia, sino de documentar un razonamiento que naturalmente se hace más complejo.

Todo modelo no es más que una representación o una interpretación simplificada de la realidad.

Pero es muy útil traducir y transferir esa información adquirida a un modelo de **Análisis SWOT**[2]: del inglés, "Strenghts" (**Fortalezas**), "Weaknesses" (**Debilidades**), "Opportunities" (**Oportunidades**) y "Threats" (**Amenazas**).

---

[2]https://es.wikipedia.org/wiki/An%C3%A1lisis_FODA

¿Cómo?

Simplemente posicionando los principales aprendizajes de esta "semana 1", por los cuadrantes presentados ("*Strenghts*" / Fortalezas, "*Weaknesses*" / Debilidades, "*Opportunities*" / Oportunidades o "*Threats*" / Amenazas); tendremos, al final, un hermoso panorama ejecutivo del negocio de la empresa, modelado desde el punto de vista de los riesgos.

Y, así, tendremos un artefacto más para monitorizar su evolución, ¡nuestro cuadrante de Análisis SWOT!

Otro modelo interesante para componer es la **Matriz de Riesgos**.

Es decir, nada más que asignar una gestión visual a la lista identificada, clasificada, priorizada y respondida previamente.

En una hoja de cálculo Excel, por ejemplo, es habitual montar una tabla muy vistosa, con la información sobre los riesgos claramente distribuida; luego, se pega una impresión muy grande en la pared, ¡para llamar la atención y también para invitar a la colaboración!

Plan de Contingencias

¡Ya dije en la introducción del libro que "cuando todo vaya mal, nos quedarán las canciones de Paul McCartney"! (risas, me encanta Paul McCartney[3])

Simplemente ocurre: los riesgos se materializarán, y algunos seguirán siendo externos; por desgracia.

En ese momento, para mantener la deseada **serenidad** que propuse, conviene tener ya previsto, con anticipación, qué hacer: nuestro Plan de Contingencias.

Funciona así...

---

[3]https://es.wikipedia.org/wiki/Paul_McCartney

Básicamente, para cada riesgo ya identificado, recorrer la lista delineando acciones de contorno, en corrección de emergencia, simulando el impacto previsto; como si la probabilidad de ocurrencia fuera del 100%.

Y créeme: la planificación de tales situaciones no deseadas, antes de la ocurrencia real, lleva en sí mucha inteligencia y estrategia; que normalmente se pierden en los momentos de mayor estrés y la alarma de la sorpresa negativa.

Por lo tanto, mantener una amplia Gestión de los Riesgos sin dedicar atención a un valioso Plan de Contingencias es como nadar, nadar y morir siempre en la playa.

¡Anticípate a los peores eventos!

Política Organizacional de la Gestión Riesgos

¡Aquí está, por tanto, el resultado completo de tu primer y completo producto de trabajo ejecutivo!

Un artefacto preciso y lleno de directrices, que comunica una gestión madura y capaz de los riesgos de la organización.

Un paso firme en la realización de la misma, ¡un hito de madurez!

Creo en la existencia de una única Política Organizativa General (''master'', principal), con sus diversas ''hijas'', identificadas por cada área respectiva de conocimiento derivado.

Es decir: una política de alto nivel, con directrices generales sobre ética empresarial y valores de cultura organizativa; y otras políticas derivadas, una para cada disciplina conceptual presente en la conducción de las operaciones.

Así, llegamos, por ahora, a esta específica Política Organizacional de Gestión de Riesgos.

En la práctica, todas las políticas no son más que listas ordenadas de tópicos, en pequeños párrafos descriptivos de documentos de texto; que, sumados, responden a la pregunta central: "**¿cómo se trabaja por aquí?**".

Cada tópico corresponde directamente a una directriz y puede, si se desea, nombrarse con una etiqueta para facilitar la comunicación. Por ejemplo, en Gestión de Riesgos (GRI), podríamos tener: "GRI1: ...", "GRI2: ..." etc.

Mi Política Organizativa de Gestión de Riesgos, sólo tiene 2 subtítulos: "sobre el documento" y "¿cómo se hace aquí la Gestión de Riesgos?", ya que es la pregunta que realmente importa y diferencia a cada empresa; a partir de ahí, todo es siempre una lista muy sencilla de pequeños párrafos, contenidos de clara comprensión y clara adhesión.

Ahora, todos están involucrados y, por tanto, todos seguirán comprometidos: ¡comunica tu primera política con justificado orgullo!

Y, como queríamos demostrar, la **semana 1**, toda orientada a los riesgos, ¡está lista!

Micro, Pequeña, Mediana, Grande u Online

No importa el tamaño: toda empresa tiene **propietarios**; y todo propietario necesita hacer posible su **visión**: externamente hacia el mercado e internamente hacia los procesos.

Por lo tanto, toda empresa (micro, pequeña, mediana, grande, online) necesita su **Matriz de Riesgos**, inmediatamente; en prioridad de lo que debe ser planeado y ejecutado, para no desperdiciar recursos (tiempo, material, dinero) en tareas y retrabajos que no traerán el equilibrio necesario... basta seguir el orden paso a paso previamente ordenado.

La actualización de la Matriz de Riesgos se convierte en una ceremonia, una actividad recurrente para todos y con un recordatorio automático con la frecuencia deseada. La Matriz de Riesgos es esencial, ya que posibilita una serie de próximas acciones ejecutivas y estratégicas.

El **Análisis SWOT** también puede verse como una introducción a la Matriz de Riesgos, preparando y haciendo didáctica y lógica su cumplimentación. Categorizar las fortalezas, debilidades, oportunidades y amenazas es un ejercicio rápido, creativo y muy estimulante para la empresa: también lo considero obligatorio para cualquier tamaño de empresa.

E, para nunca desanimar, Y, para no desanimarnos nunca, cuando algo vaya muy mal, sabremos que tenemos un previo y sereno **Plan de Contingencias** ya establecido: no hay que desesperarse al consultarlo.

Evidentemente, redactar una Política Organizacional de Gestión de Riesgos es opcional y sólo es necesario cuando hay un cierto número de empleados, pero cuanto mayor sea el número de empleados, más formal deberá ser esta comunicación, para garantizar la adhesión.

E incluso aunque el número de empleados sea aún reducido, considere la posibilidad de compartir tu **Matriz de Riesgos, Análisis SWOT y el Plan de Contingencias** con algún consultor externo o la opinión de algún experto: ¡siempre habrá lugar para una colaboración positiva y bienvenida!

¿Quién era yo antes de este capítulo?

En mi experiencia personal...

Recuerdo bien aquella primera semana, hace ya 10 años.

En la primera reunión, sólo yo y dos socios sentados en una pequeña mesa para hablar de riesgos; y el debate se calentó tan rápidamente que tuve que renunciar a las anotaciones manuales para empezar a grabar la sesión en audio, en una adaptación compatible con el desarrollo de la reunión.

En una segunda reunión, sólo yo y los responsables de operaciones, que nunca habían tenido una reunión como equipo de gestión unificado; y la esperada aparición de notas nuevas y muy relevantes. Los socios seguían encontrando extraña aquella reunión, por la falta del control habitual de lo que se discutía, ¡sin contar con la presencia de ellos! (risas)

Después, cuando disparé la primera lista de riesgos, para que todos respondieran directamente en la comodidad de sus correos electrónicos, en calificación de sus respectivos grados de probabilidad e impacto, la sorpresa fue general: sí, estábamos enfrentando nuestras debilidades, poniendo el "dedo en la llaga"; y sí, todos participaban, porque todos eran importantes.

Carteles, con resultados consolidados de la gestión comenzaron a ser pegados en las paredes, aún improvisando una mejor gestión visual por venir: era la nueva cultura organizacional presentándose... ¡centrada en la seguridad del negocio y de todos!

En aquellos primeros días, no importaba mi currículo académico ni mi historial profesional: el cambio ya se había percibido y la "voz del capitán" se había instalado, de forma cordial, en sociedad y con mucha agilidad.

Al final de la semana, el camino ejecutivo estaba listo para una recepción positiva de las primeras versiones de la Política Organizacional General y de su complementaria Política Organizacional de Gestión de Riesgos.

Confieso que la falta de un Plan de Contingencias aún me aterraba...

¡E institucionalizamos una jerga muy orgullosa, como nueva norma de comunicación y aprendizaje: "**conscientes y comprometidos**" (algo así como, en inglés, "*so say we all*[4]")!

El Proceso Mapeado

[día 1] El propietario del Proceso de Gestión de Riesgos lleva a cabo una reunión ejecutiva para la identificación de los riesgos.

[primera ronda lista] El propietario del Proceso de Gestión de Riesgos lleva a cabo una reunión gerencial para la complementación de los riesgos identificados.

[segunda ronda lista] El propietario del Proceso de Gestión de Riesgos invita a todos para la consolidación de los riesgos identificados.

[tercera ronda lista] El propietario del Proceso de Gestión de Riesgos recopila las calificaciones de las probabilidades e impactos de los riesgos.

[riesgos calificados] El propietario del Proceso de Gestión de Riesgos dirige las respuestas a los riesgos.

[riesgos mitigados] El propietario del Proceso de Gestión de Riesgos comunica la Matriz de Riesgos priorizada.

[matriz de riesgos publicada] El propietario del Proceso de Gestión de Riesgos supervisa y evalúa los Errores Internos y Externos.

[errores bajo medición] El propietario del Proceso de Gestión de Riesgos comunica el Análisis SWOT.

[análisis swot publicado] El propietario del Proceso de Gestión de Riesgos orienta el Plan de Contingencias.

[plan de contingencias publicado] El propietario del Proceso de Gestión de Riesgos comunica la Política Organizacional de Gestión de Riesgos.

[política de riesgos publicada] El propietario del Proceso de Gestión de Riesgos supervisa la recurrencia de la Gestión de Riesgos.

---

[4]https://caprica.fandom.com/wiki/So_say_we_all

Semana 2: Modelo de Negocio

"Oh, Señor, ¿no me comprarás un Mercedes-Benz? Todos mis amigos conducen Porsches y yo también necesito uno. He trabajado duro toda mi vida, sin ayuda de mis amigos. Entonces, Señor, ¿no me comprarás un Mercedes-Benz?" -- Janis Joplin, "Mercedes Benz"

Pasado el primer fin de semana en casa, después de la "Semana 1", a la familia le debió parecer incluso extraño el comienzo sin sobresaltos y confiado del nuevo mando de la empresa, ¿verdad? ¡Después de todo, las posibilidades de incendio ya estaban bajo una cuidadosa atención!

Comenzaremos, así, la segunda semana, centrándonos en una nueva interpretación simplificada de la realidad, en un modelo que amplía la representación anterior de los riesgos y trata, ahora, con la comprensión de todo el amplio negocio... muy didáctico.

¡Porque todo negocio es siempre un sistema de procesos que hace (o debería hacer) dinero!

Un **sistema de procesos** que hace dinero cuando:

• crea y entrega algo de **valor**,

• que los **clientes** quieren o necesitan,

• a un **precio** que están dispuestos a pagar,

• con una **calidad** que satisfaga tus necesidades y expectativas,

• para que el negocio genere **beneficios** en favor de los socios, de los empleados y de las operaciones.

No lo olvides, ese es el "mantra" de la segunda semana: el dinero es el producto del trabajo repetible en creación de valor, marketing, ventas, logística y finanzas... ¡preferiblemente en ese orden!

Así que todas las iniciativas se orientarán ahora a responder a las **6 preguntas fundamentales** que se exponen a continuación.

¿Cómo te diferencias de tus competidores?

¿Cuánto cobras por tu producto o servicio?

¿Cómo llegas a tus clientes?

¿Cómo vendes tu producto o servicio?

¿Cómo realizas la producción y la entrega?

¿Cómo garantizarás que tus clientes vuelvan?

En las secciones a continuación, analizaremos las perspectivas propuestas por Alexander Osterwalder, en su famoso libro "*Business Model Generation*[1]" y su disposición "*Business Model Canvas*" (BMC)... ¡en una agrupación un poco más peculiar!

Aportar Valor

Concéntrate por ahora en aportar valor.

Identifica cuales son los **valores** que diferencian a tu empresa. ¿Por qué firmar un contrato con tu organización y no con otro competidor?

Si todavía no puede elegir objetivamente esos valores, mira tus declaraciones de **Misión** y **Visión**. Estos párrafos realmente importan, deberían ser bien conocidos y suelen (deberían estar) ser siempre visibles.

Necesitamos esos valores para cumplir respectivamente nuestro propósito de existir y para alcanzar la siguiente etapa de evolución; un ejercicio que requiere una cuidadosa reflexión.

---

[1]https://es.wikipedia.org/wiki/Lienzo_de_modelo_de_negocio

Sí, es una "tarea para la casa" solitaria: mientras tú, como líder, no seas capaz de garantizar esa comprensión, nadie más lo será.

Y, si es necesario, la segunda semana ya es un buen momento para restablecer la claridad de dicha Misión y Visión: ¡publica una nueva versión! ¿Por qué no?

Revise, en comparación, mis ejemplos reales de Misión y Visión, presentes en la apertura del libro.

Para garantizar la comprensión, la ejecución diaria y el recordatorio, estas declaraciones pueden estar como "papel de pared" ("*desktop wallpaper*"), ¡en la imagen de fondo de cada puesto de trabajo, de cada empleado!

A partir de estos valores, deduciremos lo que pretendemos hacer para llegar a más clientes nuevos y aumentar la satisfacción de los clientes actuales.

Así, si en una columna de la izquierda enumeramos los **valores** de la empresa y en una columna a la derecha vamos a listar las categorías de **clientes**, la asociación entre intereses e interesados se producirá a través del tipo de **relación** más adecuado y tus opciones para los **canales** de comunicación deseados: una gran **estrategia de entrega de valor**, que acaba concibiendo todo un Programa d Gestión de Relaciones con los Clientes.

Aquí, la "**pregunta definitiva**", lo que realmente importa, según Fred Reichheld[2], es: "en una escala de 0 a 10, ¿cuánto nos recomendaría a un amigo o colega?".

Termina esta etapa, pues, con una métrica de la fidelidad de tus clientes, en reflejo de su experiencia y satisfacción: el conocido "*Net Promoter Score* (NPS)". Esta debería ser tu más simple y amplia **encuesta de opinión**.

Fácil de recopilar y analizar, ya que se trata de un indicador global, también permitirá que tu rendimiento se compare con

---

[2]https://es.wikipedia.org/wiki/Net_Promoter_Score

los resultados de otras empresas que también adopten la misma medida.

Crear Valor

¿Y qué pretendemos hacer para satisfacer los procesos empresariales en los que debemos alcanzar la excelencia?

Aquí, mapearemos, aún a alto nivel, las **actividades** y los **recursos** necesarios, humanos y materiales; contando también, con las **asociaciones** más estratégicas.

Toma nota del conjunto de actividades que resumen toda tu producción de bienes o servicios, revisa las capacidades de tus equipos, enumera los equipos que constituyen tus principales activos y selecciona a tus proveedores críticos... ¡por fin tendrás tu macroproceso número 1, tu **Cadena Primaria de Valor**!

Este es un punto de referencia importante, una línea de base, sobre "**¿cómo se gana dinero por aquí?**". Y desde ese punto de partida pasaremos a planificar cómo mantener nuestra capacidad de cambiar y mejorar.

Observa que en este enfoque natural y maduro: estableces tu liderazgo, proteges fácilmente tu institución, comprendes tu sector y haces previsible el aprendizaje de cualquier próximo proceso más específico.

Felicidades, ¡ya formas parte de un gran proyecto!

Y nunca más aceptarás participar en algo menor.

Capturar Valor

¡Ahora uniremos las agrupaciones de la "creación de valor" y la "entrega de valor" en la "captura de valor!

Y, pensando en los negocios, todo ello se traduce de forma realista en 2 grandes conjuntos: **costos** e **ingresos**.

De todo lo que hemos visto anteriormente (clientes, valores, relaciones, comunicaciones, procesos, recursos y asociaciones), o nos aportan ingresos o representan costos y gastos... ¡es un hecho!

Para tener éxito financiero, es muy importante mantener esa conciencia para obtener beneficios, para la estabilidad y para la longevidad del trabajo iniciado.

Organiza aquí, en primer lugar, tus "categorías de costos", en una lista completa y ordenada que te permita crear un presupuesto para controlar, en la medición periódica de tus resultados financieros.

Para los ingresos, define, de forma similar, una bonita descripción de la "memoria de cálculo del precio" para una oferta racional de cualquier servicio o producto.

Bastará con hojas de cálculo, sin más requisitos.

Aproveche la oportunidad para separar lo útil de lo inútil, identifica qué iniciativas requieren inversión y constituyen un gasto o cuáles reportan un beneficio.

Sí, es difícil, pero acepta que no hay forma de escapar a esa contabilidad: las ventas brutas, la recaudación de impuestos, los ingresos netos, los gastos de explotación y la cuenta de pérdidas y ganancias.

Toda empresa es un sistema para ganar dinero...

Percibir el beneficio como el resultado de un ciclo, que comienza en la planificación de los ingresos y sigue una rutina financiera, que es, retrospectivamente, verificada por un necesario controlador financiero. ¡Con la correcta aplicación de las herramientas electrónicas, tendremos un gratificante mapeo de un "**ciclo de rendimientos**", siempre en movimiento!

Y, para una bonita presentación de la primera quincena que llega a su fin, ¡prepare todos los productos de trabajo recientes para pegarlos en la pared, como artefactos listos para una **gestión visual** continua y agradable!

Utilízalos como herramientas ejecutivas. ¡Siempre a la vista! Matriz de Riesgos, Análisis SWOT, Misión y Visión, Cadena de Valor y *Business Model Canvas*... todos visuales y trazados en grande, con justificado orgullo.

Después de todo, ¿te has fijado alguna vez en lo coloridas y atractivas que son las aulas de los niños, en los colegios, en comparación con las oficinas y lugares de trabajo de los adultos?

¡Haz que tus objetos sean visibles! ¡Aprende a venderte!

Una vez más, la colaboración estará acertadamente de tu parte.

Micro, Pequeña, Mediana, Grande u Online

Es muy habitual que hagamos primero aquello que nos resulta más interesante y atractivo; solemos "dejar para más tarde" aquello que nos parece aburrido o agotador... y a veces no lo hacemos nunca.

¡Y aquí se encuentra un **gran problema** para todas las empresas!

Las microempresas, las pequeñas empresas y las empresas online ni siquiera piensan en planificar formalmente su estrategia de entrega de valor; correlacionando sus respectivos valores, categorías de clientes y relaciones.

Las medianas y grandes empresas ya ni siquiera saben quién escribió, ni cuándo se actualizaron, sus declaraciones de Misión y Visión; incluso el CEO[3] (Director Ejecutivo) acaba dejándolas de lado, ignorando que son su rumbo y dirección.

Son errores evidentes, de todos los tamaños...

---

[3]https://es.wikipedia.org/wiki/Director_ejecutivo

Y son **errores fatales**; ¡en amenazas reales!

Sí, necesita tomarse el tiempo para pensar en la diferenciación óptima del mercado: ¡éste es el "insomnio" que traerá beneficios!

Y para compensar este "¿cómo pierdes dinero por aquí?", del hueco dejado por la falta de atención a la entrega de valor, debes valorar la creación de valor de "¿cómo ganas dinero por aquí?".

Así que: ¡asegúrese de diseñar tu Cadena de Valor!

Incluso puede resultar un divertido ejercicio ejecutivo: cuanto mayor sea la empresa, mayor será la riqueza y cantidad de detalles en el diseño.

Partiendo de la conocida frase "**la fuerza de una cadena siempre viene determinada por su eslabón más débil**", entiende que tu Ciclo de Rendimientos sólo se mantendrá girando, rentable, como consecuencia primaria de la estrategia de tu Modelo de Negocio; es decir: crear valor, entregar valor y capturar valor.

El éxito no siempre estará garantizado por un esfuerzo extra, una disciplina extra o dinero extra.

Y nunca acepte el comentario de que "un microempresario es diferente de un empresario".

¿Quién era yo antes de este capítulo?

Cuando estaba en esta "semana 2", la empresa aún era amateur y de propiedad familiar.

Desde entonces, Misión y Visión eran textos demasiado largos, prolijos, no orientaban los objetivos estratégicos, apenas cabían en una hoja A4 y nadie sabía realmente dónde estaban documentados.

Así que rápidamente redefinimos nuestras declaraciones en directrices claras, sucintas y fáciles de leer. Todas las computadoras recibieron el nuevo y obligatorio, "fondo de escritorio" ("*desktop wallpaper*"); también se actualizó el sitio web. Y fue muy agradable colocar un bonito cuadro, en un lugar destacado de la recepción, con esas comunicaciones de Misión y Visión; para conocimiento de todos los clientes y socios... junto con una encuesta de opinión invitadora, siempre disponible.

Se imprimió un lienzo en una imprenta, con nuestra diagramación personalizada BMC ("*Business Model Canvas*"), para constantes revisiones, adaptaciones y colaboraciones internas... de todos, otra vez (basta con utilizar una nueva nota adhesiva).

Se formalizó el flujo de la cadena de valor y se organizaron cursos de formación, para una amplia adhesión al proceso empresarial principal: el "Proceso Uno". Las estrategias de costos y precios siguieron el mismo enfoque: formalizaciones y formaciones, en adhesión.

Y la nueva cultura ya inspiraba a los empleados, aunque sólo fuera al principio.

En resumen, la empresa se profesionalizó, manteniendo al mismo tiempo unos valores familiares gratificantes.

El Proceso Mapeado

[semana 2] TODOS utilizan el nuevo fondo de escritorio de Misión y Visión en sus computadoras.

[negocio registrado] TODOS reciben formación sobre el modelo "BMC", la Cadena de Valor y el Ciclo de Rendimientos del negocio.

[participación del negocio] TODOS mantienen interés en las Encuestas retornadas.

[negocio validado] TODOS siguen invitados y pueden colaborar con el negocio.

Semana 3: Objetivos Estratégicos

"Tú tienes un automóvil rápido y yo quiero un boleto a cualquier parte. Tal vez podamos hacer un trato. Talvez, juntos, podamos ir a algún sitio; cualquier sitio es mejor. Empezando de cero, no tendremos nada que perder; tal vez hagamos algo. Yo mismo no tengo nada que demostrar." -- Tracy Chapman , "Fast Car"

Viajamos en avión para ahorrar tiempo en los desplazamientos. Pero, aun así, procuramos llegar pronto al aeropuerto y proceder a un embarque tranquilo. Saludamos a las azafatas, comemos un caramelo y esperamos tranquilamente el despegue.

¡Imagina, sin embargo, que todo se hubiera precipitado! Imagina al piloto apresurando desesperadamente a la tripulación y a los pasajeros.

Así, llegamos a las orientaciones estratégicas en la tercera semana; después de un ajuste inicial fundamental, sin perder tiempo y sin tanta prisa... para ¡**"despegar"**, ahora!

El Valor de las Lecciones Aprendidas

"¿Qué ha ido bien (hasta ahora)?"

"¿Qué ha ido mal? "

"¿Qué ha contribuido al éxito? "

"¿Qué ha contribuido al fracaso? "

"¿Qué no sabíamos antes que sabemos ahora? "

"¿Qué pretendemos hacer de forma diferente? "

¡Comienza tu **análisis crítico** de la estrategia con una mirada retrospectiva de la trayectoria!

Las preguntas anteriores te servirán de hoja de ruta; preferiblemente para otra iniciativa de colaboración, de agradecida invitación a participar.

Escríbelas en una pizarra blanca en una sala de formación y comienza la sesión...

Asegúrate de que todos los participantes en esta ronda comprenden bien la iniciativa que se está evaluando y elabora planes que identifiquen "¿qué?", "¿cómo?" y, lo que es más importante, "**¿por qué?**" se darán los siguientes pasos, asegurándote de que se documentan las experiencias relacionadas con el uso de tus productos o servicios.

Así que tómate tu tiempo para comprender a fondo la situación anterior y proyectar la **gestión de los cambios**, en cuestiones internas y externas, que se presentan por delante... todo ello en claras oportunidades de mejora.

Y no olvides guardar esas preguntas para repetirlas en las próximas revisiones, de forma periódica, de cómo ha evolucionado históricamente tu empresa: otra ceremonia creada.

¡Cada seis meses es un buen intervalo!

Como se decía en la introducción: ¡no apure tanto la planificación, surgirá por sí sola!

Una Planificación Estratégica Clásica

Vamos a coser, alinear, perfilar todo estratégicamente, empezando por el puesto más alto de la jerarquía; posiblemente el tuyo.

Porque la simple descripción del puesto de quien mantiene la dirección de la misión, la visión y los principios de la empresa es la que establece las descripciones de los demás puestos.

A partir de ese único punto inicial, todo lo demás debe derivar y permanecer conectado, en confiada cohesión.

Tal comprensión de la alineación garantiza que sean alineados los **objetivos estratégicos** del negocio y su secuencia de implementaciones en **objetivos tácticos**, a ser ejecutados en **objetivos operacionales**, formando un cuerpo dinámico de conocimiento en la organización; en sus diferentes escalas de tiempo, respectivamente, largo, medio y corto plazo.

Se trata aquí de seleccionar las mejoras a implantar, de favorecer la innovación, de buscar la pronta resolución de los problemas; en definitiva, de ejecutar lo que sea necesario, suficiente y sostenible para satisfacer las oportunidades de negocio, las inversiones identificadas, los recursos, conocimientos y habilidades requeridos... es decir, ¡los objetivos estratégicos de la organización!

Si cualquier estrategia consiste siempre en ir del punto A al punto B, además de considerar los diversos puntos de vista asociados, es aconsejable dejar todo muy claro y documentado.

Anualmente, revisa tus resultados, establece los nuevos objetivos, posiciónalos en el tiempo y ponlo todo en un documento que se publicará con la frescura del nuevo año que comienza: ¡es una frecuencia natural!

Junto con tu redacción de la Planificación Estratégica, comunica tu Política General Organizacional General actualizada, aquella que guía una cultura empresarial ética y de respeto a los demás procesos organizativos, reforzando así la cultura de la empresa en torno a estos términos de aceptación y compromiso.

Una Planificación Estratégica Innovadora

Sin embargo, si la afirmación anterior nos parece "antigua", demasiado teórica o demasiado formateada, podemos ir mucho más allá de la publicación anual de un largo documento de planificación estratégica...

Podemos trabajar nuestros objetivos en ciclos más pequeños, ágiles, ajustados y adaptables, revisando los resultados esperados, estableciendo nuevas metas, posicionándolas en el tiempo y dándoles visibilidad con la frecuencia adecuada: ¡verdaderos ciclos de creación de valor, entrega de valor y captura de valor a través de la **Gestión Por Objetivos**[1]!

Muchas "startups[2]" han adoptado el modelo "**OKRs**" (*"Objectives and Key Results"*, "Objetivos y Principales Resultados") como la clave de su gestión: **hazme pensar, no me digas lo que tengo que hacer**; utilizan los OKRs como una propuesta de reflexión, de análisis de problemas y no como repetición de una misma "receta del pastel" limitada.

Básicamente, un **sistema de gestión de metas**, acompañado de una **medición del desempeño**:

*"Nuestro **objetivo** es [meta], durante el **periodo** de [intervalo de fechas], medido a través de los **resultados clave** para:*

*[desempeño esperado del indicador 1], a partir del **valor inicial** de [valor existente 1],*

*[desempeño esperado del indicador 2], a partir del **valor inicial** de [valor existente 2],*

*[desempeño esperado del indicador 3], a partir del **valor inicial** de [valor existente 3]".*

---

[1] https://pt.wikipedia.org/wiki/Administra%C3%A7%C3%A3o_por_objetivos
[2] https://es.wikipedia.org/wiki/Empresa_emergente

Así, una Gestión Por Objetivos verdaderamente estratégica se convierte en la propia descripción de la empresa, apoyando todo lo que hemos visto hasta ahora:

• Misión y Visión;

• Modelo de Negocio;

• "¿Cómo se gana dinero aquí?";

• eliminando la necesidad de una Planificación Estratégica anual tradicional;

• adaptando una nueva realidad de planificación estratégica bimensual periódica;

• incorporando nuevos escenarios, internos y externos, en cada actualización;

• incorporando las aportaciones de otras áreas de gestión en cada objetivo;

• evolucionando, con fluidez, los objetivos conectados a largo, medio y corto plazo;

• valorando objetivos específicos, **m**edibles, **a**lcanzables, **r**ealistas y a **t**iempo (S.M.A.R.T.[3]);

• manteniendo un seguimiento de otros KPIs[4] (*Key Performance Indicators*; Indicadores Clave de Rendimiento), además de la medición y el análisis de los objetivos y principales resultados;

• alineando los objetivos personales de los individuos con las iniciativas estratégicas de la empresa;

• y, por último, invitando a todos a la colaboración y al reconocimiento profesional.

Surge la pregunta: ¿cómo administrar esa nueva empresa?

Responderé a continuación, con nuevas preguntas "definitivas" ...

---

[3]https://en.wikipedia.org/wiki/SMART_criteria
[4]https://es.wikipedia.org/wiki/Indicador_clave_de_rendimiento

"¿A dónde quiero llegar?", "¿cómo sabré si estoy llegando?" y "¿por qué tengo tantas ganas de llegar?" serán las preguntas sencillas que transformarán a cualquier persona, ¡ya sea jurídica o física!

Gestión de la Decisión

Sabiendo qué desafíos se presentarán a lo largo del camino, establece también un proceso para la toma formal de decisiones, para destacar la mejor solución encontrada para un problema crítico, de modo que no haya dudas futuras sobre el escenario actual en el momento de justificar esta elección.

Es muy común que las decisiones sean fuertemente criticadas mucho después, cuando el nuevo escenario ya es completamente diferente o cuando las incertidumbres anteriores ya no confunden a todos.

¡Acostúmbrate a gestionar tus decisiones!

Básicamente, se trata de reunir una ceremonia y una hoja de cálculo... veamos, a continuación.

Una planilla con secciones formales (pestañas) para:

• "identificación del problema",

• "criterios para evaluar el problema",

• "escala de puntuación para estos criterios",

• "lista de alternativas para la solución",

• "evaluación de estas alternativas contra los criterios" y, objetivamente, la

• "decisión de elección", junto con tu

• "justificación de la decisión" (preferiblemente respaldada por la mayor puntuación total obtenida en la evaluación de la mejor alternativa).

Observaciones: considera siempre que es dudoso elegir una alternativa con una puntuación baja en relación con las demás...

Y una ceremonia de reunión, a ser convocada en la ocurrencia de cualquiera de los escenarios previamente establecidos para la toma de decisiones formales; por ejemplo:

• "Gestión de Decisiones para la Viabilidad de Inversiones" (para decidir sobre oportunidades de negocio en perspectiva financiera),

• "Gestión de Decisiones para Viabilidad de Servicios" (para decidir sobre operaciones y procesos),

• "Gestión de Decisiones para la Selección de Proveedores" (para decidir sobre asociaciones),

• "Gestión de Decisiones sobre Recursos Humanos" (para decidir sobre capacidades de los equipos) y

• "Gestión de Decisiones para la Tecnología" (para decidir sobre la compra de equipos y herramientas).

En la práctica, se trata de una reunión muy dinámica y objetiva, un "juego", donde la cumplimentación evoluciona hasta llegar a una matriz de criterios (colocados en las columnas) por alternativas (ordenadas por líneas) y, por tanto, a una distribución matemática de calificaciones y ponderaciones; ¡hasta comprobar quién ha obtenido más puntos!

Tranquilos, porque siempre hay alguien que lo intenta, pero no puede "adivinar", mentalmente y de antemano, qué alternativa de solución ganará (risas)

Observa, entonces, la importancia de este modelo...

La Gestión de las Decisiones se convierte en un momento agradable en la conducción de la empresa, ya que sólo trae ganancias para todos: alivia tensiones, promueve la colaboración, madura responsabilidades, fotografía el momento real bajo prueba y, finalmente, evita que el líder se convierta en un dictador vanidoso, limitando cualquier chance de abuso de poder jerárquico (después de todo, hay muchas, muchas decisiones menores e individuales, a lo largo de la rutina del día, y es importante tener ese recordatorio para las decisiones mayores y colegiadas).

Ahora estamos listos para, la semana próxima, enfrentarnos a la gente y darnos nuestro primer "baño de calle"... (risas)

Micro, Pequeña, Mediana, Grande u Online

Dice la frase motivadora: "si te cansas, aprende a descansar, no a rendirte".

Porque "problema + reflexión = ¡progreso!

De ahí que la práctica de las "Lecciones Aprendidas" debería ser habitual, desde siempre: para niños, adultos, microemprendedores, pequeñas empresas, medianas y online.

Sí, para todos; en beneficio evidente y ejercicio esclarecedor.

Reflexionar sobre lo que salió bien, lo que salió mal, lo que no sabías antes y lo que harás diferente es una garantía cierta de mejora y uno de los enfoques más sencillos, intuitivos y didácticos para una mejor estrategia.

Sin embargo, aunque simple, intuitivo y didáctico, esto no significa que deba ser informal, imprevisible y no planificado.

¡Valora siempre la adherencia a este proceso!

Y no compliques la estrategia innecesariamente: toda estrategia te llevará a donde quieres ir y te guiará sobre cómo llegarás allí; que sea eficiente depende de tu motivación en cuanto a por qué quieres llegar allí.

La mayor dificultad reside en el hecho de que no se llega a ninguna parte solo.

No creas en la leyenda de "*self made man*[5]" (en traducción literal, "el hombre que se hizo a sí mismo"): o son más que personas extraordinarias que no supieron dar el debido crédito en agradecimiento a quienes hicieron viable su camino.

Así que tendrás que implicar a las asociaciones, establecer un liderazgo, formar redes de confianza, reconocer el talento, resolver los conflictos de intereses, estudiar, acertar y equivocarte.

En la próxima "Semana 4" hablaremos de los "Equipos de Trabajo".

¿Entiendes por qué he mencionado "descansar"? Porque nada de esto ocurre en una semana, un mes o un año.

¿Quién era yo antes de este capítulo?

Ya no me sorprende: pocos, hasta hoy, han oído hablar de la Gestión de Decisiones, como proceso formal y objetivo de apoyo a las decisiones críticas, en la ignorancia de un recurso tan valioso.

En la primera sesión que dirigí, ni siquiera pretendí explicar ninguna teoría: nos reunimos para abordar un problema grave y, delante de la pizarra, fui dibujando columnas de criterios y filas de alternativas; cuando la curiosidad ya era mayor, completé el dibujo de una matriz (tabla) y empezamos a cuadrar sus respectivas puntuaciones... y, llegada la hora de finalización de la reunión, no tuvimos tiempo de calcular todas las sumas: sacamos una foto de la pizarra y se asignó un responsable para la consolidación de los números y la comunicación del informe.

Así que, volviendo al capítulo inicial de este libro, es un gran riesgo concentrar el peso de estas decisiones en un único evaluador: nunca las quise todas para mí... además de levantar sospechas sobre el propio gobierno corporativo, en transparencia y ética empresarial.

---

[5]https://pt.wiktionary.org/wiki/self-made_man

Haber implantado un control efectivo de la gestión de las decisiones supuso un enorme salto de confianza y responsabilidad en la formación de los nuevos líderes.

La regularidad establecida para la ceremonia de Lecciones Aprendidas también resultó acertada, por la madurez continua que proporcionó la tercera semana.

En el momento de escribir estas líneas, estoy muy involucrado con la transición de una Planificación Estratégica Tradicional a la mencionada Planificación Estratégica Innovadora, en implantación de una completa Gestión Por Objetivos, debates y seguimientos de OKR, expansión horizontal del Organigrama y nueva Formación de Liderazgo: siguiendo el propio libro que escribí sobre el tema ("Una Gestión Por Objetivos: OKR y KPI En La Práctica: Controla y acelera los avances de tu negocio[6]").

La "rueda del mundo giró" y, para mí, funciona, exactamente, como he relatado y experimentado en estas descripciones.

El Proceso Mapeado

[semana 3] El Comité de Gestión por Objetivos registra la retrospectiva de las Lecciones Aprendidas.

[estrategia revisada] El Comité de Gestión por Objetivos presenta los objetivos y resultados clave (OKR) del periodo.

[estrategia presentada] Propietario de Proceso de Gestión de Decisiones evalúa eventuales próximas sesiones.

[estrategia controlada] Todos refuerzan la concienciación y el compromiso con los OKR (¿qué?, ¿cómo?, ¿por qué?).

[Estrategia renovada] Nuevo liderazgo en desarrollo.

---

[6]https://www.amazon.com/dp/B0BVJF253C

Semana 4: Equipos de Trabajo

" ¿Quién te crees que eres? ¿Una superestrella? ¡Pues realmente lo eres! Y todos brillamos; como la luna, las estrellas y el sol. Bueno, ¡todos brillamos! Todo el mundo, ¡vamos!" -- John Lennon, "Instant Karma"

¡Ahora estamos, conceptualmente, más preparados para recibir y dar la bienvenida a las **personas**!

A algunos, obviamente, ya los conocemos por su nombre; y es sencillo apreciar que a todos nos gusta sentirnos especiales... ¡porque lo somos! Es hora, pues, de acelerar y dar cuerpo a los cambios...

Los riesgos, el modelo de negocio y la estrategia ya están en marcha; en la semana 4, nos centraremos en **equipos**.

¿Cómo se trabaja por aquí?

De la "Política organizativa General" establecida en la semana 3 (véase el capítulo anterior), derive ahora una más específica **"Orientación de los Equipos de Trabajo"**: un "**Código de Conducta**" mucho más concreto, del "piso de fábrica".

Hacer realmente una transición de directrices ejecutivas a directrices más gerenciales, con menos granularidad; allanar el camino para las acciones de los **gerentes**, en clara alineación estratégica con la dirección.

Así, además de describir claramente las asignaciones previstas para cada puesto funcional, un documento de este tipo comunica la importante "**regla de escalonamiento de problemas**", sobre cómo debe evolucionar un asunto, correctamente, a través de los niveles jerárquicos de la empresa.

A veces, un problema importante se "ahoga" o se retrasa; a veces, un problema menor obtiene una aceleración inútil. A veces, los empleados más extrovertidos buscan una proximidad inadecuada con personas de mucho más nivel; otras veces, los introvertidos con mucho talento son ocultados por su propio equipo.

La regla de escalonamiento de los problemas sigue siendo, deseablemente, bidireccional: comúnmente, no es tan preocupante que el director no se entere de todas las cuestiones que circulan por los pasillos o las cafeterías; ¡pero es muy preocupante que el empleado no se entere de los debates que tienen lugar en privado en la alta gestión!

Al líder le interesa crear este puente entre dirección y gerencia, de forma muy clara y segura; tratando, objetivamente, la escalada de problemas, cuestiones o soluciones como un proceso empresarial, de adhesión estratégica.

Aprovecha aquí para divulgar y formalizar también el **organigrama** explícito: siempre es una bonita abstracción de la estructura analítica de la empresa, que facilita sus comunicaciones y responsabilidades.

Avanzando por la Cadena de Valor, se espera que de ese macroproceso se deriven otros varios procesos agrupados por sus respectivas "áreas de conocimiento".

La composición final, de qué áreas de conocimiento componen la organización y qué procesos componen cada área de conocimiento, es lo que nos aportará la completitud de una necesaria **gestión integrada**.

Y, para poner en marcha ese sistema integrado, necesitaremos rápidamente el nombramiento de un **grupo de procesos**, una red de especialistas que serán responsables de las iniciativas de mejoras distribuidas. Veremos que ese liderazgo operativo no tendrá que ser ejercido únicamente por los gestores.

Para iniciar ese nombramiento, en plena alineación ejecutiva, es deseable que se establezca una política organizacional específica para cada área de conocimiento identificada, derivada de la Política Organizacional General ya comunicad.

La cuestión, aquí, es responder a "¿cómo se hace [nombre de la disciplina] por aquí?".

Por ejemplo, es habitual registrar:

Política Organizacional para la Gestión Administrativa,

Política Organizacional para la Garantía de Calidad,

Política Organizacional para la Gestión de la Información,

Política Organizacional para la Relación con los Clientes,

Política Organizacional para la Gestión de la Innovación,

Política Organizacional para la Gestión de Adquisiciones

y una grata Política Organizacional para la Mejora de los Procesos.

Observe, desde el principio, qué empleados tienen más iniciativa para un ejercicio de este tipo y quiénes tienen menos miedo a presentar sus ensayos iniciales. ¡El conocimiento del lenguaje español (ortografía, sintaxis, semántica) y una actitud proactiva hacen una pareja fuerte para identificar!

Confía (y **ejecuta**): tener directrices claras para los equipos de trabajo, incluyendo reglas para el escalonamiento de problemas, junto con el organigrama y una política organizacional específica para cada área de conocimiento involucrada en la Cadena de Valor de la empresa, ¡es una buena introducción para aquellos que nunca han experimentado una cultura de procesos! Además de ser artefactos de mucha reutilización, sirven como material de formación para empleados recién contratados, como parte de un plan de formación, en la descripción de puestos y salarios, en auditorías internas y externas, para una presentación institucional, etc.

¡Es un trabajo de documentación ineludible! Pero es de alto nivel en todos los sentidos. Garantiza un fuerte acoplamiento entre los objetivos estratégicos existentes y los próximos procesos que haya que mapear.

Recuerda toda esa mentalidad de aficionado; de limitarse a contratar a los mejores profesionales, adquirir las mejores herramientas y dejar que se las apañen sin más: eso no existe y no funciona; ¡deja siempre claro "cómo se trabaja por aquí"!

Formación de Líderes

¡Empieza, pues, al final del primer mes, a nombrar y formar a tus líderes!

Si es posible, establece ya un Programa de Formación de Líderes... súper atractivo.

Las premisas ya están lanzadas y es el momento de despertar intereses, por competencias superiores y madurez.

Suelo comenzar por un amplio mapeo de la **base organizacional** de competencias; entendiendo que la competencia es siempre un resultado conjunto de conocimientos, habilidades y actitudes.

Hoy trabajo con los siguientes criterios de evaluación, ejemplificados a continuación.

"aprendizaje" (conocimiento)

"atención" (actitud)

"colaboración"(actitud)

"compromiso" (actitud)

"comunicación" (actitud)

"disciplina" (actitud)

"emocional" (habilidad)

"especialización" (conocimiento)

"gestión" (habilidad)

"innovación" (habilidad)

"matemática" (conocimiento)

"motivación" (actitud)

"organización" (habilidad)

"español" (conocimiento)

"productividad" (actitud)

"ritmo" (actitud)

Así pues, de acuerdo con los criterios establecidos, haz una lista de todos tus empleados y compara cada competencia disponible y cada competencia deseada, para cada nivel de experiencia profesional respectiva (junior, completa o senior).

Cuando el nivel de experiencia deseado está por encima de la competencia disponible, hay que trabajar con el empleado mediante un plan de formación y capacitación; por lo tanto, ¡hay que hacer un mapeo de todos los empleados! ¡Y con cierta frecuencia de revisión! Aprovecha y busca apoyo en el Grupo de Procesos ya nombrado.

De forma estandarizada y resumida, "junior" es quien ejecuta sus tareas en conformidad directa con las instrucciones recibidas; "completo" ya tiene un mayor sentido crítico y es capaz de cuestionar algunas directrices recibidas; mientras que "senior" previene riesgos y errores y se preocupa por la armonía y el rendimiento de los resultados del conjunto.

Otros ejemplos de ceremonias, con buenos resultados para la formación de líderes, implican sesiones regulares de tutoría con los gestores, breves reuniones diarias por equipos y preguntas abiertas para la libre participación en foros de debate. ¡He aquí un consejo para tales implementaciones!

A partir de una "**Tutoría con la Dirección**", busca conocer a tu equipo a través de reuniones individuales, uno a uno, director y colaborador, realizadas a partir de una planificación personalizada previa (valoro el uso de mapas mentales) de ideas a presentar (cada semana, quincena etc.).

En las "**Reuniones Diarias**" de los equipos, fomentar la autogestión a través de reuniones diarias de 15-20 minutos:

"¿qué hicimos ayer?",

"¿qué haremos hoy?" y

"¿qué impedimentos limitan nuestro progreso?",

asegurando una amplia comunicación y un sentido de la priorización.

Las **Cuestiones abiertas** implican, por ejemplo, cuestionar lo que está ocurriendo, con un enfoque en la planificación ("¿en qué estás centrado esta semana?"), cuestiones de cultura organizacional (a través de un banco de preguntas críticas, asociadas a la empresa), cuestiones sociales (a través de un banco de preguntas más ligeras y divertidas, para conectar con los hábitos de cada uno) o un "pregúntame lo que quieras" (con preguntas "rompehielos" dirigidas a algún afortunado empleado de la semana).

Con el tiempo, abordaremos otros requisitos de Recursos Humanos; pero por ahora, al final del primer mes, basta con confirmar que el mejor empleado es el que funciona: tu red de confianza y protección, ¡tu "Material de la Casa"!

La Expansión Horizontal del Organigrama

El elefante está sentado en el suelo; intenta empujarlo...

¡No podrás!

Así percibo el enorme crecimiento vertical del organigrama de las grandes empresas: hasta el infinito y más allá, en innumerables niveles jerárquicos, muy difíciles de recorrer en una sola encarnación.

Para "saltarse" etapas de transición, es más fácil "saltar" entre empresas: triste realidad de los actuales conceptos enyesados.

Mientras tanto, la hormiga sigue envidiada: ligera y rápida...

¿Cómo garantizar esta asociación sana y una coexistencia segura?

Notemos que la costumbre no es renunciar a la denominación jerárquica, sino seguir inventando, operativamente, nuevos términos y agrupaciones: "red de expertos", "grupo de procesos", "oficina de calidad", "oficina de proyectos", "comité ABC", "comité XYZ", etc.

Y nada de esto forma parte del organigrama oficial: la estructura jerárquica, formal y tradicional, presenta siempre sus incoherencias evidentes, al crear y recrear funciones para los retos constantes, de innovación y objetivos estratégicos.

El elefante es estable, pero la hormiga es ágil.

Creo en un nuevo **organigrama físico funcional**.

"Físico" porque está ocupado por personas, en atribución explícita y amplia de responsabilidades individuales: todos son nombrados y son potencialmente valorados... dejando más claro el origen completo de la formación de la "entidad jurídica".

"Funcional" porque es más dinámica, más fluida en sus límites verticales, más orientada a la meritocracia[1] y a la colaboración... in perder la definición y las prácticas esperadas de cada ámbito de actuación.

Con esto, la definición de nuevos roles organizativos internos me seduce:

• **"Propietarios del Producto"**: el consejo de socios, los directores y la cúpula ejecutiva, en una nueva mirada a la organización en la gestión del producto;

• **"Propietarios da las Operaciones"**: la alta gerencia, la red de confianza de especialistas en apoyo estratégico del negocio;

• **"Propietarios de los Servicios"**: una interfaz democrática de transición entre los procesos y las operaciones, reforzando la difusión de entornos tranquilos, organizados, gestionados y productivos;

• **"Propietarios de los Procesos"**: la unidad básica y fundamental de adhesión a cualquier trabajo realizado, a un nivel superior (todos importan).

Ahora, todo contribuye a que se dé menos valor a las formalizaciones, limitaciones y competencias de "asistentes", "analistas", "gestores" o "directores"...

La entrega de los **resultados clave** se solapa con la firma contable del Historial de Trabajo: aunque se mantiene el respeto por este último, ¡vivimos y promovemos más el primero!

Micro, Pequeña, Mediana, Grande u Online

Del Modelo de Negocio derivan las Áreas de Conocimiento, de la empresa micro, pequeña, mediana, grande u online: un ejercicio

---

[1] https://es.wikipedia.org/wiki/Meritocracia

vital.

En una empresa micro o pequeña (a veces en una mediana), las Áreas de Conocimiento acaban representando las áreas de estudio de un solo empleado; que acumula así inevitables "sombreros" o roles de actuación: es común e inevitable en estos escenarios "jugar en varias posiciones" de forma regular. Aquí, la revisión de los puntos fuertes/oportunidades y puntos débiles/amenazas de la "Semana 1" de la Gestión de Riesgos es muy valiosa. ¡Planifica, estudia y desarrolla!

No tenga prisa por verticalizar el organigrama: ¡procura que sea lo más reducido posible!

A la hora de expandirse, intente favorecer la expansión horizontal, asignando estratégicamente a los responsables de cada proceso, servicio, operación y producto.

A medida que la empresa crezca, deje siempre claras las "reglas del juego", en publicaciones de políticas organizativas. Y, para controlar mejor cada término de conocimiento y compromiso comunicado, evalúe el uso de alguna herramienta de firma electrónica; capturando automáticamente varios datos de autenticación del firmante (el control manual, para cualquier tamaño de empresa, es una tarea tediosa y desorganizada).

Por último, entiende que el crecimiento de tu empresa siempre estará asociado al desarrollo de tu(s) liderazgo(s): ¡no te rindas, es continuo!

¿Quién era yo antes de este capítulo?

Mi impresión inicial, desde mi primera práctica de la semana 4, ¡era terrible!

De presente, me regalaron el libro "No Puedes Despedir a Todo el Mundo[2]". (risas)

Lo que más me molestaba eran las situaciones de insubordinación, de desobediencia, que se traducían en una falta de adhesión a los procesos empresariales.

La solución encontrada...

De un enorme banco de palabras, elegimos los adjetivos más votados que queríamos que nos representaran, y creamos una elegante pegatina en la ventana de un pasillo interno, para lectura continua de los **principios** elegidos por la empresa.

"Respeto por todos los individuos",

"Respeto por tus ideas de mejora",

"Calidad",

"Innovación",

"Ciencia",

"Agilidad",

"Colaboración",

"Confianza",

"Comunicación",

"Excelencia".

Desde este primer paso, hasta la elaboración del organigrama, de los puestos funcionales y de los planes de trabajo, siguió un progreso muy tedioso.

La Base Organizacional de Competencias (conocimientos, habilidades y actitudes) presentaba inconsistencias y llevé a cabo muchos más despidos de los que me hubiera gustado o imaginado... También me cansé de tanto esfuerzo en reclutar, seleccionar e integrar nuevos empleados.

---

[2]https://www.amazon.com.br/dp/B076BXCGNT

Por eso considero necesario adelantar urgentemente el Programa de Desarrollo de Liderazgo, el Proceso de Escalonamiento de Problemas y la Ampliación Horizontal del Organigrama, ya en la semana 4: fue un error no haberlos puesto en marcha antes.

Hasta hoy, participo en sesiones de Reuniones Diarias con los equipos (gerenciales u operativos) y alimento temas de cultura organizacional, semanalmente.

El Proceso Mapeado

[semana 4] A partir del modelo de negocio, el CEO identifica las áreas de conocimiento.

[áreas de conocimiento] A partir de las áreas de conocimiento, el CEO redefine jerarquías.

[organograma vertical] el CEO analiza la clasificación de todos los recursos humanos.

[base organizacional] el CEO publica el nuevo organigrama físico funcional.

[organigrama horizontal] el CEO aprueba las redacciones de las políticas organizacionales sectoriales.

[directrices ejecutivas] Los Propietarios del Producto, los Propietarios de las Operaciones, los Propietarios del Servicio y los Propietarios del Proceso desarrollan una formación de liderazgo.

MES 2 "GESTIÓN DE LA CALIDAD"

- Semana 5: Gestión de Ceremonias
- Semana 6: Gestión Por Procesos
- Semana 7: Gestión de Documentos
- Semana 8: Gestión de Resultados

¡Primer mes consolidado! Cimientos sólidos y base sostenible para la siguiente etapa de crecimiento.

Ya en gestión: riesgos, modelo de negocio, planificación estratégica y liderazgo de equipos.

En el segundo mes nos ocuparemos de la calidad: ceremonias, auditorías, procesos, procedimientos operativos, documentos, modelos de documentos, indicadores y resultados.

"Asignaremos", incorporaremos, la calidad al liderazgo: un sistema de excelencia de actuación, la búsqueda de las mejores prácticas, la optimización de métodos y herramientas; todo muy multidisciplinar, con agradecido compromiso, priorización y satisfacción.

A veces, se percibirá un mayor enfoque en el **control de la calidad**; otras veces, la mayor preocupación estará en la **garantí de la calidad**. Mientras que el "control" es más reactivo, asociado a la verificación de los criterios esperados y su respectiva clasificación de conformidad, la "garantía" es siempre proactiva, preocupada por anticipar soluciones y prevenir la ocurrencia de futuros errores.

El éxito se alcanzará, con el paso del tiempo, en la capacidad de mantener la estrategia de la empresa y la gestión de la calidad unificadas, atómicas, cohesionadas; ya que, en última instancia, ¡todo liderazgo debe actuar como el gestor "número 1" de la Calidad!

Semana 5: Gestión de Ceremonias

"¡La casa es tuya! ¿Por qué no entras ahora? Hasta el tejado está al revés porque te has retrasado. ¡Es tu casa! ¿Por qué no vienes pronto? Ni siquiera el clavo aguanta ya el peso de este reloj." -- Arnaldo Antunes, "La Casa Es Tuya"

Por ceremonia entendemos cualquier acción realizada de acuerdo con algún reglamento o norma, para expresar adhesión... **¡a tiempo!**

Las ceremonias implican, por ejemplo, llegar a tiempo, en una clara señal de respeto a los demás, o responder a un correo electrónico con prontitud, garantizando una actuación diferenciada y una nueva oportunidad de negocio.

Hasta aquí, ya hemos mencionado y acumulado algunas ceremonias...

• Colaboración con la Gestión de Riesgos

• Comunicación de la Matriz de Riesgos

• Registro Formal de Error Externo

• Comunicación del Análisis SWOT

• Publicación de Política Organizacional de la Gestión de Riesgos

• Modelización de Negocio BMC

• Análisis de la Cadena de Valor

• Recopilación de Encuestas de Opinión NPS

• Recopilación de Lecciones Aprendidas

• Análisis Crítico y Planificación Estratégica

- Reunión para la Gestión de Decisiones
- Publicación de la Política Organizacional General
- Elaboración del Programa de Formación de Líderes
- Nombramiento del Grupo de Procesos
- Revisión de la Base Organizacional
- Sesión de Tutoría con la Dirección
- Convocatoria para la Reunión Diaria
- Preguntas para "Conocer a Tu Equipo"

Uf... ¡en sólo un mes!

Sí, es obvio darse cuenta de que, si no ponemos orden en nuestra casa y establecemos cierta gestión, estas ceremonias se convertirán rápidamente en meros recordatorios formales, sobrecargados, ignorados y sin utilidad alguna.

Dado que el tiempo es uno de los recursos más limitados que tenemos para gestionar, surge la necesidad de sincronizar, integrar y planificar toda esta inevitable disposición de acontecimientos.

Agendas e Calendarios

Para organizar y distribuir estas acciones en el tiempo, me gusta la sencilla idea de las **listas de verificación** (o "*checklists*"): nada más que un amplio mapeado de eventos y su respectiva frecuencia de repetición... ¡anotados en agendas y calendarios!

Es raro observar, en las más diversas instituciones, una atención especial al buen uso de agendas y calendarios. Y tal atención denota responsabilidad, transparencia, compromiso, ritmo, disciplina, productividad, propósito, gestión; entre otros valiosos atributos.

Una buena solución de herramienta electrónica para tal control debe permitir, principalmente: una estrategia de categorización de las agendas y la asignación de sus interesados, la configuración de repeticiones y la comunicación de recordatorios por diversos medios de contacto, además de la disponibilidad inmediata de videoconferencia y/o conferencia en audio.

Así, mantén al día un documento que oriente el período mínimo de ejecución de las ceremonias asociadas a las áreas de conocimiento ya identificadas, distribúyelas en el tiempo y posibilita un mantenimiento sostenible de tu Sistema de Gestión de la Calidad (SGI)... ¡con mucha claridad, adherencia y de forma completa!

Auditorías

Las agendas y los calendarios allanan el camino para muchos resultados satisfactorios; ¡incluidas las auditorías!

Ya sean auditorías internas o externas, estos eventos deben estar ahí, representados en alguna agenda: con fecha, partes interesadas y recordatorios automáticos totalmente configurados.

Garantiza, de forma predecible y controlada, que el trabajo se realiza en el momento adecuado, por la persona adecuada y de la forma correcta. En cualquier auditoría, como las evaluaciones de calidad, siempre tratamos de destacar

1) que cualquier trabajo esté basado en procesos,

2) que cualquier empleado esté entrenado en el proceso en el que actúa y

3) que exista formación académica comprobada para el área de conocimiento respectiva.

De esta forma, nadie se sorprenderá ni se amparará en excusas endebles de falta de preparación o mala ejecución para el evento programado y asignado.

Las auditorías internas apoyan el Programa de Formación de Líderes mediante la formación de auditores internos. Las auditorías internas mantienen todo el sistema "aceitado", en pleno funcionamiento, sin dejar que ninguna parte se "oxide" o "escape".

Algunos ejemplos incluyen: "Inspección de 5S[1]", "Auditoria de los Puestos de Trabajo", "Auditoria Interna de Trazabilidad de Materiales", "Ensayos de Aptitud" y "Auditoría de Calidad Independiente".

Las auditorías externas son una amable invitación a consultores experimentados para que evalúen y discutan de forma independiente los resultados de estas auditorías.

Y, en ambos casos, ¡son de libre elección!

El hecho es que todo el mundo dice tener calidad, pero pocos están realmente dispuestos a exponerla a la prueba de auditores, internos o externos. Entiende aquí que "**abrazar los cambios"** propuestos es señal de la evolución de la madurez y capacidad de tu organización y traduce tu actuación diferenciada.

Por lo tanto, ¡configure su estrategia para las auditorías!

Actualiza eventos en agendas y calendarios, actualiza el nombramiento del Grupo de Procesos y auditores internos, comunica plantillas de documentos y normas para su cumplimiento; y evoluciona continuamente, ¡siempre!

Gerencia Ágil

Se habla mucho de agilidad.

¡Basta con hacer una búsqueda rápida en la web con la palabra clave "Scrum[2]" para darse cuenta de la enorme cantidad de resultados!

También te darás cuenta de que los "evangelistas de turno" no paran de señalar las nuevas siglas y se estancan en los detalles de lo que conceptualmente está bien o mal, en la deseada perfección teórica... aff, tengamos paciencia.

---

[1]https://es.wikipedia.org/wiki/5S
[2]https://es.wikipedia.org/wiki/Scrum_(desarrollo_de_software)

Yendo directamente al grano, lo genial de la agilidad es combinar pasado, presente y futuro, ¡en análisis muy bien definidos!

De forma ordenada, se busca aceptar la libre entrada de nuevas demandas, pero debidamente priorizadas. A continuación, se elige el conjunto de tareas en las que trabajarán puntualmente los equipos. Y, al final del período preestablecido, se revisan los resultados de la entrega y el proceso utilizado para esta entrega.

Sobre la base de un cúmulo de necesidades reunidas en el pasado, hoy decido lo que voy a hacer, cómo pretendo llegar a una situación futura y, con ello, nuestra productividad ya está acordada. También se absorbe cualquier imprevisto, que queda recogido en el proceso de desarrollo para su pronta resolución.

Es realmente genial: requiere ritmo, disciplina y compromiso, ¡en una clara relación con el tiempo!

Busca clases para formación de *"Scrum Masters"* (centrador en el proceso) y *"Product Owners"* (centrados en el producto o servicio) ... infelizmente, no hay forma de escapar aquí, al exceso de términos en inglés.

Así que, en esta quinta semana de tu liderazgo, vale la pena actualizar tu **Plan de Entrenamiento** e incorporar multiplicadores de estos conceptos innovadores en toda tu corporación... ¡que, ahora, también buscará ser una empresa ágil!

El gerenciamiento ágil está, por tanto, fuertemente orientada hacia la definición de ceremonias, roles y artefactos, en un enfoque que favorece el trabajo preparado, la comunicación y un entorno cada vez más informativo.

Gerenciamiento Visual

Hablando de entorno informativo...

A lo largo de este libro, nos daremos cuenta de que todas las comunicaciones se ven, naturalmente, favorecidas por la gestión visual: se trata, pues, de un grato "lugar común".

La gestión visual permite que cada sector de la empresa trabaje en su autogestión, ofreciendo transparencia sobre las tareas planificadas del día, las tareas en curso, las tareas listas, las tareas aún no planificadas y las tareas con impedimentos para ser escalonadas.

Las ganancias en productividad, priorización, comunicación, control, trazabilidad, seguridad y agilidad son evidentes e inmediatas.

Así, es deseable que se establezcan directrices ejecutivas procedentes del líder, en apoyo formal de la gestión visual, ¡como herramienta concreta de trabajo!

Por ejemplo: las normas de organización deben ser claramente identificadas y fácilmente mantenidas; cada sector de trabajo mantiene autonomía para evolucionar su marco de gestión visual de tareas; la buena práctica del escritorio siempre limpio refleja también los valores de gestión visual de la empresa; los stocks son, preferentemente, controlados a través de marcas visuales; la señalización de los ambientes obedece también a esa claridad, etc.

A continuación, presento algunas soluciones para entornos altamente informativos, ya sean físicos u online; y creo que, por sí solo, este tema merece su propio libro: "Gerenciamiento Visual En La Práctica - cómo crear entornos informativos personalizados".

Micro, Pequeña, Mediana, Grande u Online

Micro, pequeña, mediana, grande u online: ¡a todas las empresas les falta disciplina, ritmo, priorización, transparencia, responsabilidad y objetivos cuando se trata de gestionar ceremonias!

Un hobby no requiere ceremonias; un trabajo sí, inevitablemente.

En otras palabras, no depende del tamaño, ¡depende del compromiso!

No se trata de mantener la adhesión durante 1 semana, 1 mes o 1 año; se trata de mantener la aplicabilidad renovada durante 5 años, 10 años, 20 años...

Y, en este caso, las empresas online, más acostumbradas a una amplia cartera de herramientas electrónicas, tienen ventaja.

Mantener listas de ceremonias constantemente actualizadas, en un sistema de recordatorios automáticos, acaba requiriendo algún producto que permita integrar diferentes aplicaciones web y automatizar los flujos de trabajo consecuentes (hoy, por ejemplo, utilizo Zapier[3]).

El control de los entregables previstos, en solución de gestión visual, también se ve facilitado por aplicaciones web de gestión de tableros Kanban[4] (hoy, por ejemplo, utilizo Trello[5]).

La cantidad de licencias a adquirir es, por supuesto, proporcional al número de empleados; incluso puede ser una oferta gratuita.

Al tratar el tema de las "ceremonias", la amplia normalización "empresarial", en toda la corporación, es siempre un reto.

¿Quién era yo antes de este capítulo?

Por experiencia personal, recuerdo que no era posible organizar ceremonias, auditorías y formaciones con aquel servidor de correo electrónico más barato y su limitada herramienta de agenda y calendario: era necesario invertir en una nueva infraestructura, rápidamente.

---

[3]https://zapier.com/
[4]https://es.wikipedia.org/wiki/Kanban
[5]https://trello.com/

Trabajar con calidad tampoco se presentó nunca como algo opcional; y, poco a poco, fuimos avanzando en una cartera creciente
de auditorías internas y auditorías externas.

Aquí siempre se habla poco de por qué hacerlo **"bien a la primera"**;
es garantía de mayor rentabilidad: la Calidad es, al fin y al cabo, una
estrategia de beneficios; la Innovación es una estrategia de calidad;
eso, sí, es un Ciclo de Mejora de la excelencia.

Y, realmente: ¡quizás un buen Plan de Formación sea el mejor
amigo de la Planificación Estratégica! Porque todo Plan de Acción
contiene la suma de una Gestión de Riesgos, con Estrategia y
Formación...

Nuestras innovaciones mejor implementadas fueron sin duda los
tableros de gestión visual, explorando el uso de espacios físicos
para una gestión inmediata y facilitada. Cuando la capacidad de
las superficies planas se agotó, debido al aumento del número de
ventas a controlar, migramos naturalmente a soluciones online: sin
dejar nunca de valorar la organización visual.

En un ejemplo de la vida real, teníamos toda una pared dedicada a
la gestión visual de los informes de diagnóstico: en las columnas,
teníamos el estado de las pruebas médicas (en evolución, hasta su
lanzamiento final), y, en las líneas, teníamos los días de trabajo
descontados hasta el plazo final prometido al paciente; así, no
sólo conocíamos el estado actual de cualquier prueba, sino que
también podíamos proyectar las capacidades de los equipos para
los próximos días (en previsión de la carga de trabajo que se
avecinaba). ...todo visual, sinóptico y sin mucha inversión: los
retrasos estaban bien resaltados en la zona roja; y, como en un
"juego", los propios médicos movían sus acrílicos magnetizados de
izquierda a derecha (al final de cada procedimiento), mientras que
los administradores movían los acrílicos de arriba abajo (al final de
cada jornada laboral) ... ¡una gestión fluida.

El Proceso Mapeado

[semana 5] A partir de cada Área de Conocimiento, los liderazgos elaboran listas de ceremonias regulares.

[ceremonias identificadas] os líderes mantienen actualizadas las listas de ceremonias en un sistema automático de recordatorio.

[ceremonias configuradas] Los líderes controlan los resultados esperados en una solución de gestión visual.

[ceremonias gestionadas] Los líderes controlan la adherencia y la formación a la gestión de ceremonias.

Semana 6: Gestión Por Procesos

" *Ponlo ahí, aunque pese una tonelada. Eso le dijo el padre a su hijo menor. No me importa si pesa una tonelada; mientras tú y yo estemos aquí, ponlo ahí. Mientras tú y yo estemos aquí, lo pondremos ahí.*" -- Paul McCartney , "Put It There"

En la sexta semana, ¡inauguraremos nuestros **ciclos de mejora**!

De las ceremonias ya establecidas en la semana (capítulo) anterior, TODAS deben generar los próximos **planes de acción**.

Creo en empresas totalmente orientadas para planes de acción: toda inversión de recursos debe buscar siempre cuál será la próxima implementación, quién será el responsable por ella y cómo estimaremos el plazo previsto para tal conclusión.

Con esto, conseguimos que los procesos de gestión de la empresa sean cada vez más ágiles, claros y objetivos.

Al fin y al cabo, la gestión no es más que obtener resultados con recursos limitados; y los procesos son simples secuencias de actividades. Actividades que, a su vez, pueden desglosarse en una o varias tareas y que pretenden responder a las preguntas que se enumeran a continuación.

¿Quién lo hace? (actores o papeles)

¿Cuándo lo hace? (disparo inicial)

¿Cómo lo hace? (descripciones de las actividades)

¿Con qué lo hace? (herramientas)

¿Qué hace? (productos del trabajo)

¿Para quién lo hace? (comunicación)

¿Qué no hace? (riesgos)

¿Para qué lo hace? (indicadores)

¿Cuándo deja de hacerlo? (conexión final)

Suena sencillo al principio; pero sólo al principio, ¡ya que tuve que escribir otro libro entero dedicado sólo a esto! (risas)

"Dice lo que haces, haz lo que dices y demuestra que lo has hecho": tal vez esta sea la forma más sencilla de entender nuestra gestión por procesos.

El Control de los Procesos

Si toda ceremonia debe colaborar con planes de acción para la mejora continua de la empresa, existe el gran reto de cómo organizar y mantener el seguimiento sobre todo este enorme conjunto (como era de esperar).

Confieso que cada año sigo buscando innovaciones y optimizaciones propias para este tema.

Con la evolución natural de una amplia cultura de procesos, es realmente difícil destacar, enumerar o cuantificar todo lo que está en juego, en marcha: es realmente muy continuo... ¡lo que no deja de ser un "grato problema"!

La solución pasa por tener un **sistema de gerenciamiento de tareas** (en inglés, "*issue tracking system*"), con la que cada "cuestión" está siendo asociada individualmente a un "ticket" a resolver.

Pero, incluso la idea de tener un buen sistema, con registros de todas las iniciativas de mejora de todos los equipos de la empresa, introduce cierta lentitud y burocracia en el flujo de una gestión realmente ágil.

La discutida " Expansión Horizontal del Organigrama" ayudará mucho, aquí, en la elección de la mejor "granularidad" a monitorizar, en los objetivos tácticos y estratégicos de cada ámbito de actuación y en la adecuada gestión de los avances operativos diarios... en una búsqueda de equilibrio entre agilidad pragmática y evidencia formal.

Escuela Piloto de Procesos de Negocio

¡El poder de los procesos está siempre en su resultado de mayor eficiencia de ejecución!

Todos conocemos ejemplos de escenarios con mucha imprevisibilidad, control débil, una postura siempre reactiva y mucho retrabajo, retrabajo y más retrabajo.

Y el retrabajo implica despilfarro; implica pérdidas de tiempo, material, dinero y satisfacción. El retrabajo es, en resumen, ¡venenoso!

Con creatividad, los procesos tratan de identificar errores, corregir defectos y alinear esfuerzos lo antes posible. ¡Los procesos favorecen hacer las cosas **"bien a la primera"**!

Es un trabajo persistente y meticuloso; de coser, alinear los objetivos de negocio, mapear sus procesos, y mapearlos de nuevo, en constante optimización, formando, entonces, un cuerpo dinámico de conocimiento en la organización.

En la práctica, cuando ocurra el próximo error inevitable en su empresa, no salgas en busca del culpable: sólo respira y busca el mapeo del proceso en cuestión, revisa la lectura e inicia un debate colectivo sobre este error... ¡siempre basado en el proceso!

Y, para la evolución de esta gestión del conocimiento, hacer uso de una nueva ceremonia regular de sesiones de aprendizaje de los procesos de negocio; la mía, ¡la bauticé "Escuela Piloto de Procesos de Negocio"!

Es un trabajo de tutoría, sí, y fuertemente auspiciado por la dirección, con varios resultados positivos: priorizar los procesos que requieren más atención, mantener actualizada la cartera de procesos de negocio, apoyar el programa de formación de líderes, renovar a los representantes del "Grupo de Procesos" y promover la comunicación y una amplia cultura de procesos.

Proceso para la Mejora de los Procesos

Con una ceremonia sólida (ejemplo de la Escuela Piloto de Procesos de Negocio) y un seguimiento adecuado (atención al cuadro de mando de procesos), basta con publicar nuestro " meta proceso ", para que la " Semana 6 " sea un éxito.

Es decir, el proceso que se encargará de los demás procesos, ¡un proceso para establecer la mejora de los demás procesos!

A continuación, sólo un ejemplo de este proceso estándar, para ser adaptado libremente, presentado en su descripción textual (aún no traducido a dibujos de diagrama de flujo).

[ocurrencia del evento, incidente o problema] El Propietario del Proceso de la Gestión Por Procesos identifica el área de conocimiento asociada.

[proceso identificado] El Propietario del Proceso de la Gestión Por Procesos registra el evento, incidente o problema asociado.

[mejora registrada] El Propietario del Proceso de la Gestión Por Procesos escalona los planes de acción del evento, incidente o problema para su aprobación.

[mejora aprobada] Los responsables por las mejoras asignan colaboradores para la ejecución.

[mejora implementada] El Propietario del Proceso de la Gestión Por Procesos revisa el impacto sobre el proceso de negocio mapeado.

[proceso actualizado] El Propietario del Proceso de la Gestión Por Procesos comunica la nueva versión del proceso.

[proceso publicado] El Propietario del Proceso para el Plan de Formación controla la mejora.

[mejora continua] El Propietario del Proceso de la Gestión Por Procesos monitora nuevas ocurrencias de eventos, incidentes o problemas.

Micro, Pequeña, Mediana, Grande u Online

Observa por un momento la mentalidad del aficionado, que suele seguir adelante contratando a los mejores profesionales, adquiriendo las mejores herramientas e dejándolos a todos libres, sin molestias.

¿Será?

(risas)

Sin embargo, hay que darse cuenta de que la verdadera marca del mejor profesional está en reconocer que tal condición milagrosa sencillamente no existe, ¡nunca ha existido ni existirá jamás!

¡Esto decía el ingeniero de software Grady Booch[1]!

Los procesos siempre existen y están en todas partes. A veces no tan explícitos; a veces más imprevisibles, reactivos o mal controlados.

No reconozco ninguna ejecución que no se base en una definición previa: como acabo de decir, sería muy imprevisible y amateur; sería aceptar el "nivel 0" de capacidad y madurez.

Así que, por favor, no acepten repetir en un entorno profesional colectivo lo que sólo aceptarían hacer en un entorno doméstico individual...

---

[1]https://es.wikipedia.org/wiki/Grady_Booch

Ejecutar, sin definir, es un enorme desperdicio de muchos recursos; y, en consecuencia, un craso error de gestión.

Con la Gestión Por Procesos, resolvemos:

- el mapeo de las actividades del negocio;
- los responsables por la ejecución de las actividades;
- las entregas y el ritmo de los productos de trabajo;
- la gestión de la comunicación entre los interesados;
- la garantía y el control de la calidad;
- la mitigación de los riesgos operativos;
- el escalonamiento de las cuestiones y las mejores relaciones y
- la solución automatizada de los procesos de negocio maduros.

Y esto vale para cualquier emprendimiento: ¡ya sea micro, pequeña, mediana, grande u online!

¿Quién era yo antes de este capítulo?

En el 2012, iniciamos una nueva gestión de la empresa, guiada por procesos; y, regularmente, realizamos muchos entrenamientos asociados a la cultura deseada.

¡En el 2016, ya fuimos una de las primeras instituciones de salud, de todo Brasil, en ser acreditada, en el primer evento de auditoría externa de la ONA[2] (Organización Nacional de Acreditación), como "Nivel 3", de excelencia en la gestión!

En el 2018, decidí poner mis ideas a prueba de más personas: escribí un folleto de menos de 50 páginas, una pieza de marketing

---

[2]https://pt.wikipedia.org/wiki/Organiza%C3%A7%C3%A3o_Nacional_de_Acredita%C3%A7%C3%A3o

para nuestros clientes clave; explicando, en pocas palabras, nuestro enfoque de gestión. Fue una tirada pequeña, con alta calidad de impresión, sin pretensiones de otros formatos, sin precio de venta y con gastos patrocinados por la propia empresa.

En la práctica, dicho folleto reveló un interés reconocido por su lectura, con nuevos ejemplares solicitados por clientes y dudas devueltas en busca de más conocimientos.

Finalmente, no estaba loco y mis ideas eran aceptadas, con grata receptividad, más allá de los límites de la organización que dirigía; pero seguían siendo aprobadas por un público muy restringido e incluso conocido.

Luego pasamos a confiar más en nuestra cultura de procesos y, entre el 2019 y el 2020, publiqué un libro completo, a la venta en Amazon y a valor de marca de la empresa. Ese libro, "La Gestión por Procesos en la Práctica", llegó a ocupar, durante muchas semanas, el primer puesto en su categoría de "Gestión del Liderazgo": ¡eh, mamá, tuve un libro "bestseller"! ;-)

Además de gestor, también me convertí en **autor**.

El Proceso Mapeado

[semana 6] Para cada evento de Gestión de Ceremonias, los líderes garantizan la existencia del proceso mapeado asociado.

[procesos mapeados] El Propietario del Proceso de la Gestión Por Procesos mantiene el meta proceso para la mejora de procesos.

[procesos gestionados] El Propietario del Proceso para del Plan de Formación mantiene la adherencia a los procesos.

[procesos optimizados] Los líderes hacen evolucionar la estrategia empresarial, con el apoyo de la excelencia operativa.

Semana 7: Gestión de Documentos

"Sólo quiero que sepáis que este niño juega en esta rueda y no teme el corte de nuevas heridas, porque tiene la salud que ha aprendido de la vida. Sólo quería decir, a todos los que me quieren, que hoy me quiero mucho más, porque yo también me entiendo mucho más." -- Gonzaguinha , "Sólo quería que lo supieras"

Como se ha visto, las actividades en secuencia describen procesos de negocio. Y cada actividad resulta en un nuevo estado o en un nuevo estado de avance de cada proceso.

Aquí tenemos los productos resultantes de la ejecución de estas actividades, en clara evidencia del trabajo realizado. Los **productos del trabajo** acaban, entonces, siendo referencias a las entradas y salidas de las actividades del proceso.

Tales productos de trabajo son percibidos como informaciones y archivos que necesitan ser gestionados para realizar la prestación del servicio, como "**ítems de configuración**" que deben ser almacenados, versionados y controlados.

Constituimos en esta semana 7 una amplia y segura **Biblioteca de Activos de los Procesos Organizacionales**: un repositorio para organizar y localizar archivos, facilitar su consulta y recuperación.

Es hora, pues, de poner orden en los "almacenes" y "bibliotecas", separar lo útil de lo inútil, establecer la normalización obvia, dar visibilidad a las normas, mantener todo limpio y disciplinado en orden y crear reglas para la organización de los directorios, la división de sus carpetas, la denominación de sus documentos y el control de todos los accesos, lo que facilitará el desarrollo de cualquier próxima iniciativa para obtener resultados.

Sí, ¡una "operación relámpago" de orden electrónico e impreso!

¿Cómo?

El punto de partida que propongo:

1) nombrar un repositorio de archivos (o documentos) para cada área de conocimiento de la empresa;
2) y, dentro de cada repositorio, establecer directorios (o carpetas) para cada proceso de negocio;
3) garantizando que, allí, estén reunidos **todos** los modelos, guías, secuencias y productos de trabajo, que orientan la ejecución de ese respectivo proceso.

Ya he probado otros modelos, pero este fue el que trajo la agradable sensación de energía renovada, según el ejemplo de implementación a continuación.

[**repositorio**, biblioteca de activos organizacionales]

[**área de conocimiento** de negocio 1]

[**proceso** de negocio 1]

[**mapeo** de proceso]

[**procedimientos operacionales** estándar]

[**indicadores y evidencias** de mejora continua]

[**proceso** de negocio 2]

[**mapeo** de proceso]

[**procedimientos operacionales** estándar]

[**indicadores y evidencias** de mejora continua]

...

...

¡Es ajustado y sostenible, con todo en su sitio y un sitio para cada cosa! ;-)

Lista Maestra de Documentos

Piensa en una lista de todos tus archivos...

¿Cuáles se consultan todos los días?

¿Cuáles no los ha vuelto a leer nadie?

¿Cuántos ya no encuentras?

¿Cuántos has tirado?

¿Cuántos has dejado de crear?

¿En cuáles reconoces el valor?

¿Cuántos ni siquiera puedes entender?

Parece una canción (risas), ¡pero son preguntas reales, que realmente importan, para tener una lista maestra de documentos saludable!

Se trata, sí, de un trabajo de lapidación, de refinamiento, de un pensamiento más "ajustado" (del inglés, *"lean"*): una estrategia importante para una gestión ágil del conocimiento.

Revisa tus procesos. Revisa los resultados de tus procesos. Revisa la adhesión a las políticas de la organización. Revisar la alineación con la Misión y Visión de la empresa. Todo alineado y cosido, como se mencionó anteriormente.

La intención es, entonces, llegar a un **Plan de Documentación**, que integre:

• los principales productos de trabajo,

• sus respectivas áreas de conocimiento categorizadas,

• los responsables y los interesados en dicha información,

• los canales de comunicación utilizados y

• los recordatorios para las ceremonias asociadas registradas en calendarios y agendas;

para mantener todo este contenido "vivo", ¡actualizado y en constante movimiento!

Definitivamente, la peor pérdida de tiempo es la ejecución de algo que nunca fue necesario hacer, que a nadie le volverá a importar; y que, por lo tanto, se convierten en tontas burocracias en desuso... ¿cuántas has tenido que cometer?

¡Ése es el secreto!

Estaciones de Trabajo

Con el "servicio de archivos" sistemáticamente en orden, la preocupación recae en las máquinas de los usuarios, que aún pueden desordenar y comprometer dicha gestión de los documentos.

Del mismo modo, invierte en la elaboración de un "portafolio de herramientas electrónicas" y de una "hoja de ruta para la preparación de las estaciones de trabajo". Además, supervise y controle el uso adecuado mediante auditorías de Tecnología de la Información internas y periódicas.

La elección de las herramientas electrónicas que formarán tu cartera también debe estar en consonancia con la estrategia y los principios de la empresa. Por lo demás, veamos brevemente algunas preguntas/decisiones asociadas...

¿Hay interés por la existencia del trabajo a distancia?

¿Hay interés por el liderazgo remoto?

¿Hay interés en disponer de asistencia técnica a distancia?

¿Existen diferentes dispositivos electrónicos para sincronizar y conservar?

¿Hay procesos manuales extensos que automatizar?

¿Se han previsto contingencias para toda la infraestructura de comunicación?

¿Existe seguridad para los datos sensibles, las contraseñas, los permisos de acceso y la información de emergencia?

¿Qué hacer en caso de pérdida o robo de dispositivos móviles?

¿Hay interés en la expansión geográfica de la empresa a nuevas sucursales?

¿Existe una dependencia tecnológica exagerada de un fabricante o proveedor?

¿Existe una dependencia intelectual exagerada de un empleado concreto?

También es natural agrupar el uso de algunas herramientas electrónicas a determinados puestos funcionales; al fin y al cabo, no todos los usuarios necesitarán licencias de uso para todas las soluciones informáticas... ¡aquí tenemos un acoplamiento deseado entre la gestión de personas y la gestión de documentos!

De ahí la necesidad de una hoja de ruta para la configuración de cada tipo de estación de trabajo, en la preparación respetuosa de la máquina para su uso adecuado. Siempre es muy embarazoso recibir una computadora "extraña" a la ejecución de sus resultados esperados. Y siempre es muy amable darse cuenta de que se tomaron los cuidados correctos, de antemano.

Estas diferentes posturas dicen mucho sobre la gestión ejecutiva. Haz, aquí, amplio uso de "checklists", ¡en listas de control auditables!

LGPD - Ley General de Protección de Datos

El tema es serio y, por lo tanto, siguen las **referencias legales**, en Brasil:

• Ley Federal n. 12.965/2014 (Marco Civil de Internet); • Ley Federal n. 13.709/2018 (Ley de Protección de Datos Personales); • Ley n° 13.787 (prevé la digitalización y el uso de sistemas informatizados para la conservación, el almacenamiento y el manejo de los registros de los pacientes).

Debe existir una **Política de Protección de Datos Personales y Privacidad**, que oriente el comportamiento deseado sobre cómo los datos personales son tratados por los procesos de negocio, en privacidad y protección.

Se debe garantizar una cultura de seguridad de esta información, de acuerdo con los principios de legalidad, lealtad, transparencia, integridad y confidencialidad.

Así, establezca el texto que presente explícitamente qué datos personales son recolectados, qué tratamiento es adoptado por la empresa y, también, la finalidad de la recolección de tales datos. Oriente directrices para el almacenamiento, intercambio y eliminación de datos personales; para el uso de "*cookies*[1]" y otras tecnologías de seguimiento.

Revisa tu Cadena de Valor desde la perspectiva del **Flujo General de Datos**:

• entrada de los datos,

• procesamiento de los datos,

• salida de los datos y

• recuperación de los datos.

Entiende que la Ley General de Protección de Datos (LGPD) fue creada para determinar cómo las empresas deben manejar la información personal de sus clientes; diseñada para dar más control de esos datos a sus titulares, en **seguridad de la información**.

---

[1]https://es.wikipedia.org/wiki/Cookie_(inform%C3%A1tica)

Micro, Pequeña, Mediana, Grande u Online

Conocí una empresa, en Río de Janeiro, que se derrumbó el edificio y no existía ninguna copia de seguridad fuera de las instalaciones físicas...

Tuve un jefe que versionaba sus archivos con sufijos _01, _02, _03 etc, al final del mismo nombre...

He trabajado en una empresa con un enorme almacén de CD y DVD polvorientos en una caja fuerte blindada de difícil acceso...

Ya he perdido datos históricos en un disco duro externo dañado...

Ni siquiera recuerdo la última vez que utilicé mis memorias USB ni qué datos relevantes siguen almacenados en ellas...

Situaciones problemáticas, sin duda.

¡Pero he sido capaz de localizar cualquier archivo deseado en menos de 10 segundos todos los días durante años!

Cuido el mantenimiento del escritorio de mi computadora, evitando una pantalla llena de accesos directos, carpetas y una confusión visual de iconos.

Bloqueo automáticamente mi inicio de sesión cuando me levanto del escritorio.

Son sólo ejemplos de cosas sencillas, para que tú también valores tu Biblioteca de Activos de Procesos Organizacionales, tu Lista Maestra de Documentos, tu Plan de Documentación, tu Portafolio de Herramientas Electrónicas y tu Estación de Trabajo.

De acuerdo, no todo es aplicable a las empresas más pequeñas, pero es una buena práctica empezar a adoptar buenos hábitos lo antes posible: ¡**lo antes posible** te marcará una gran diferencia!

¿Quién era yo antes de este capítulo?

En mi experiencia personal, en esta semana, el enfoque es muy pragmático, racional, sin grandes debates, excepciones ni reflexiones:

• todas las computadoras son de la empresa;

• todos los celulares son de la empresa;

• las condiciones de bloqueo a la información en dispositivos móviles, en el caso de pérdida o robo, se prevé lo siguiente;

• la conexión de celulares personales es mantenida en un enlace de internet independiente (fuera de la red corporativa);

• todas las herramientas electrónicas son de la empresa;

• ningún usuario administra la propia instalación de aplicaciones en su máquina;

• nadie se comunica, profesionalmente, a través de plataformas personales;

• nadie se comunica, personalmente, a través de plataformas profesionales;

• Cualquier comunicación externa debe tener algún superior inmediato en una copia (nadie habla "confidencialmente" o "en privado" en nombre de la empresa);

• todos os "ítems de configuración" de la empresa van al repositorio de la biblioteca de activos;

• la biblioteca de activos se versiona automáticamente, sin necesidad de copias de seguridad manuales;

• cualquier estación de trabajo puede ser restaurada sin necesidad de copia de seguridad ni aviso precio al usuario;

• se desaconseja cualquier dispositivo externo (por ejemplo: *pen drives*, HD) por razones de seguridad;

• todos firman la cláusula de buen uso de las herramientas electrónicas, en el Código de Conducta;

• las auditorias de los registros de actividad ("*logs*") de las máquinas son realizados en controles semanales (mitigación de riesgos);

• la eliminación de los documentos organizacionales se realiza mediante el uso de trituradores de papel o sellos rotativos, para la confidencialidad de la información.

Mucha relación con la **Gestión de Riesgos**, en Planes de Contingencia y aplicaciones de uso crítico, ¿no?

Sigue tú mismo los pasos anteriores. Ahórrate muchos dolores de cabeza innecesarios. No dejes el orden y la seguridad de tu hogar en manos de tus hijos pequeños...

El Proceso Mapeado

[semana 7] El Propietario del Proceso de Gestión de Documentos configura un repositorio para la Biblioteca de Activos Organizacionales.

[información versionada] El Propietario de los Procesos destacan sus respectivos productos de trabajo.

[información gestionada] El Propietario del Proceso de Gestión de Documentos controla la Lista Maestra de Documentos.

[información controlada] El Propietario del Proceso de Gestión de Documentos comunica las actualizaciones de la Lista Maestra de Documentos.

[información comunicada] El Propietario del Proceso de Gestión de Documentos audita los datos personales.

[información protegida] El Propietario del Proceso de Gestión de Documentos confirma el cumplimiento del flujo de datos.

Semana 8: Gestión de Resultados

"Si quiero hablar con Dios, tengo que aventurarme. Tengo que subir a los cielos, sin cuerdas a dónde agarrarme. Tengo que decir adiós, dar la espalda, caminar decidido por el camino; que, cuando termine, no me llevará a nada, nada, nada, nada, nada, nada, nada, nada, nada, nada, nada, nada, nada de lo que esperaba encontrar."
-- Gilberto Gil , "Si quiero hablar con Dios"

Al final del segundo mes, ya hay suficiente información y datos para que podamos consolidar una gestión de **indicadores de desempeño** y resultados.

Es aquella vieja frase bien conocida: lo que no se mide no se gestiona; ¡y eso es un hecho!

Y, al igual que los riesgos: **mídelo cuanto antes**.

A partir de los procesos de negocio ya gestionados, intente establecer qué objetivos de rendimiento y resultados se aplican en ellos, intente comprender qué cuestión dilucida y resuelve ese proceso.

Piensa en establecer una lista de indicadores de medición dentro de las 4 perspectivas de un BSC ("*Balanced Scorecard*[1]"), para una completa estrategia empresarial:

• **perspectiva financiera**: para tener éxito desde el punto de vista financiero;

• **perspectiva de los clientes**: lo que pretendemos hacer para llegar a más clientes;

• **perspectiva de los procesos internos**: para satisfacer los procesos empresariales en los que debemos alcanzar la excelencia; y

---

[1]https://es.wikipedia.org/wiki/Cuadro_de_mando_integral

- **perspectiva del aprendizaje y crecimiento**: para mantener nuestra capacidad de cambiar y mejorar.

Nada de parecer demasiado complicado, complejo, costoso o laborioso: trabaja en pos de objetivos "S.M.A.R.T.[2]": eSpecíficos, Medibles, Alcanzables, Realistas y a Tiempo.

Esto iniciará tu **Plan de Medición**, en una estructura que seguirá un "proyecto de mejora" continuo: como el término inglés "bootstrapping[3]", te servirá de arranque hacia la **Gestión Por Objetivos**[4], sin mayores dependencias externas y en ágil simplificación.

A partir de ahí, sigue el ritmo de la frecuencia de recogida de datos definida, la fase de análisis gráfico y luego nuevos planes de acción; lo que puede provocar las adaptaciones necesarias en su gestión de riesgos y procesos.

En la práctica, el interés y la curiosidad de los empleados por saber qué valores se han alcanzado en el mes (si han mejorado o empeorado) ¡es lo que validará qué objetivos son los que realmente importa supervisar!

Definiciones para los Resultados

Así pues, comienza la organización de tu **Informe de Mediación Organizacional** por la cabecera del documento a compartir.

Para cada indicador nombrado...

Explique qué cuestión estamos intentando aclarar y qué situación queremos alcanzar.

Vincule qué mapeo de procesos de negocio se relaciona con esa medición.

---

[2]https://en.wikipedia.org/wiki/SMART_criteria
[3]https://es.wikipedia.org/wiki/Bootstrapping_(inform%C3%A1tica)
[4]https://www.amazon.com/dp/B0BVJF253C

Y para comprender mejor los riesgos, describe las pérdidas derivadas de una ejecución de mala calidad. Si es posible, traduce esas pérdidas en costos monetarios: al fin y al cabo, el dinero es una unidad que todo el mundo entiende mejor, físicamente.

No lo olvides: ¡**procesos, riesgos e indicadores van siempre juntos**! Al mapear el proceso, asocia riesgos e indicadores. En la gestión de riesgos, asocia procesos e indicadores. Y, aquí, en la medición de indicadores, asocia procesos y riesgos.

Una sugerencia para la gestión integrada...

Medidas para Resultados

Hay importantes estrategias a tener en cuenta para la **recolección de datos**; por ejemplo...

¿Será automática o manual?

¿La frecuencia será realmente mensual?

¿Cuántas muestras podremos recoger con la frecuencia definida? ¿Será esta muestra representativa en su cantidad?

¿El tipo de datos de que se trata es un valor continuo, un recuento numérico o una clasificación categórica?

¿De dónde proceden los datos? ¿Cómo podrán dos personas precisar la misma recopilación? ¿Qué procedimientos deben describirse en plena orientación?

Entonces, con el conjunto de datos recopilados, es importante pasar a una **mínima estadística descriptiva**...

Debemos planificar de antemano: cuál es la meta (*setpoint*), cuál es el límite inferior aceptado y cuál es el límite superior aceptado.

Debemos consolidar, en cada ronda: cuál es la media obtenida, cuál es el valor mínimo obtenido y cuál es el valor máximo obtenido.

¡Respetando siempre las unidades de medida!

Parámetros...

Análisis para Resultados

Ahora es importante mantener la acumulación de datos históricamente, a lo largo de los meses, para facilitar la observación de cualquier tendencia en el comportamiento de los indicadores recopilados.

Este análisis siempre se facilita mediante la elaboración de gráficos y sus tipos más comunes son los histogramas, los gráficos de tendencias o los diagramas de barras.

No todos los colaboradores tendrán, al principio, la percepción para una comprensión inmediata de estas curvas, sus inflexiones, proyecciones o debate sobre la estabilidad de la variable sometida a límites; pero sólo al principio: es gratificante la facilidad con que este lenguaje se absorbe y se incorpora a la comunicación habitual.

Creo que es importante no extender demasiado los elementos tanto de la estadística descriptiva como del análisis gráfico: si todos, todos, conocen lo básico de estos componentes, será mucho más enriquecedor que si sólo unos pocos tienen los conocimientos más avanzados.

Poco a poco, iremos introduciendo nuevos términos (coeficientes angulares, correlaciones lineales, desviaciones típicas) y ¡valoraremos aún más la Matemática!

Así que tampoco sobrecarguemos un exceso de herramientas de calidad bien conocidas: para complementar el análisis gráfico, el breve cuestionamiento de los cinco porqués[5] encadenados ya nos conducirá a la comprensión de cualquier causa raíz.

---

[5] https://es.wikipedia.org/wiki/Cinco_W

¿Por qué?

¿Por qué?

¿Por qué?

¿Por qué?

¿Por qué?

Los niños ya saben que no hay pregunta que se resista a una secuencia de cinco porqués (risas)

Mejoras y Controles para Resultados

¡Recuerda que, en la medición, la colaboración también desempeña un papel fundamental!

El objetivo último de este informe estará siempre en la capacidad de comunicar los resultados e implicar una participación colectiva cada vez mayor.

¡Recuerda crear y mantener "documentos vivos"!

La mejora siempre vendrá de los planes de acción: con plazos, responsables y situaciones controladas... ¡hasta la próxima revisión mensual!

Como ejercicio, pregúntate tanto "qué empeora un indicador" como "qué lo mejora": sigue el ejemplo del beneficio, que puede mejorar aumentando los ingresos o reduciendo los costos... ¡ambos caminos son válidos!

En la práctica, he visto proyectos de mejora de muchas y muchas páginas, mucho esfuerzo, mucha formalización, mucho rigor académico; pero con premisas (requisitos fuertes) muy, muy equivocadas o conclusiones muy, muy apresuradas... sólo para validar vanidades personales y llamar la atención por la cantidad de páginas.

S Sugiero, entonces, la reflexión sobre un enfoque más esencial y de mucha repetición, sumando más gente a este razonamiento y dando tiempo a "decantar" la comprensión del comportamiento histórico real, para precisar mejor las proyecciones futuras.

Tendremos así un sistema de control estadístico más natural, ligero y ajustado, con procesos robustos y continuamente controlados, "como queríamos demostrar" (C.Q.D.).

OKR y KPI

Hoy en día, es muy común el uso de la sigla, en inglés, "**OKR**" (*Objectives and Key Results*; Objetivos y Resultados Clave): "¿a dónde quiero llegar?" y "¿cómo sabré si lo estoy consiguiendo?".

Y de "**KPI**" (*Key Performance Indicators*; indicadores Clave de Rendimiento), además de la medición y el análisis de los objetivos y principales resultados.

Pienso en los OKR como proyectos de mejora multidisciplinares y estratégicos, con un principio, un medio y un fin.

Pienso en los KPI como una medición continua del negocio, en indicadores obligatorios de desempeño e independientes de los OKR, para la supervivencia y el éxito del emprendimiento.

Un **sistema de gestión de metas**, acompañado de una **medición de desempeño**: ¡eso son los OKR y KPI!

Objetivos, metas, estrategias y medidas, en palabras clave.

"Objetivo" representa el "¿Qué?" y "Principal Resultado" ("**Key Result**") es el "**Cómo?**".

Del formato de declaración estándar:

"Mi objetivo es [...], medido a través de [...]".

Sobre la fuerza del conjunto " KPI + OKR ", la demostración de la medida de los indicadores se verá fuertemente impulsada cuando tenga sus objetivos asociados: el trabajo de los *"KPI"* funcionará mejor cuando esté madurado por los *"OKR".*

Pero, en conclusión, además del "¿Qué?" y el "¿Cómo?", el pegamento que lo unirá todo será siempre el "**¿Por qué?**"!

Micro, Pequeña, Mediana, Grande u Online

A partir de la ecuación "Problema + Reflexión = Progreso", hazme pensar, pero sin repetir siempre lo que hay que hacer.

Así, piensa en la Gestión Por Objetivos como una propuesta de análisis de problemas (no la misma "receta del pastel"), orientada a la evidencia de los números.

¡Números!

Números que:

• apoyen en acciones tus declaraciones de Misión y Visión;

• se adapten a tu Modelo de Negocio a partir de los objetivos esperados, abarcando nuevos escenarios internos y externos;

• relacionen los objetivos con los valores, los clientes, las relaciones, las comunicaciones, las actividades, los recursos, las asociaciones, los costos y los ingresos;

• aclaren perfectamente, "cómo se gana dinero por aquí";

• demuestren claramente, la evolución histórica a corto, medio y largo plazo;

• ordenen los objetivos personales de los individuos con iniciativas estratégicas de la empresa;

• e invitan a todos a colaborar y al reconocimiento profesional.

El problema es que enfrentarse a los números requiere valentía, puesto que ya se habrá eliminado cualquier subjetividad...

... ¡y muchos optan por la ilusión de sus proyecciones románticas o sus teorías de la conspiración inventadas! (risas)

En la práctica, ¿cómo administrar cualquier empresa (micro, pequeña, mediana, grande u online)?

¡Números arriba!

¿Quién ere yo antes de este capítulo?

Incluso me planteé formarme en *Six Sigma*[6] *Black Belt*, en otra certificación profesional.

Incluso llegué a formar a empleados en la formación *Six Sigma Green Belt.*

Pero me sorprendió el rigor de la ejecución del modelo; que, desde luego, no estaba dirigido por ningún CEO, socio, propietario o fundador...

Por una razón obvia: ¡simplemente no puedes permitirte comprar licencias comerciales de Minitab para cada gerente de la empresa! (risas)

¿Ni siquiera sé por qué tanto énfasis en Minitab?

¿Y por qué tantas secciones y páginas para presentar el análisis de un solo caso?

Quizás esta sea mi mayor y más difícil crítica a la forma en que se enseña el modelo en las escuelas de negocios: la gestión del problema en estudio implica una larga planificación, utiliza fases secuenciales, se preocupa poco de los costos de desarrollo de la solución futura y percibe poco los cambios naturales en el alcance durante el progreso de un cronograma fijo... ¡esto no es ágil en absoluto!

---

[6]https://es.wikipedia.org/wiki/Seis_Sigma

Y, como no es ágil, cuando finalmente se presenta el proyecto, éste ya no representa la realidad del problema actual. La metodología se mueve así en una sola dirección; y cuando una etapa está totalmente terminada, la opción de volver atrás y rehacer parte del trabajo implica costos muy elevados. La conceptualización inicial pide a gritos detalles concretos que, en la mayoría de los proyectos de mejora, aún se desconocen.

No lo entendí, en su momento, y sigo sin entenderlo, hoy: lo siento, no es para mal.

Me pregunté si ese modelo tendría en cuenta cuántos análisis de casos habría que realizar en un mes, en una semana, manteniendo la Oficina de Calidad rentable; cuántos colaboradores tendría que poner a disposición la empresa, etc.

He revisado algunos trabajos presentados y aprobados por la junta de certificación: la mayoría de ellos con supuestos falsos o inciertos (limitados desde el principio), que generaban un montón de hojas para tirar y que quitaban mucho tiempo a sus autores: **los ejemplos de sala de aula no siempre son muy ingenuos**, cuando se enfrentan con la realidad, que ofrece mucha presión.

Es curioso que, sí, me gusta el enfoque DMAIC (*Define, Measure, Analyze, Improve, Control*); pero es difícil avanzar en los estudios cuando hay una "lucha personal con el enunciado": sigo pensando que es posible ajustarlo a una sola hoja A4 y con más repeticiones a intervalos cortos (cada mes)... entonces todo se dilucida con más naturalidad: con respeto al tiempo, con aprendizaje real y con mejora continua probada.

"No apresures al río, fluye solo" (Barry Stevens[7]).

El Proceso Mapeado

[semana 8] Establecer un amplio compromiso con la Gestión por

---

[7]https://en.wikipedia.org/wiki/Barry_Stevens_(therapist)

Objetivos.

[iniciación] Planificar la medición de la Gestión Por Objetivos.

[planificación] Ejecutar la medición de la Gestión Por Objetivos.

[desarrollo] Evaluar la medición y la comunicación de la Gestión Por Objetivos.

[control] Mantener la mejora continua de la Gestión Por Objetivos.

MES 3 "GESTIÓN FINANCIERA"

Repitiendo el "mantra": toda empresa es un sistema de procesos que genera dinero.

Y en nuestra estrategia de gestión integrada de 100 días, las finanzas se situaron exactamente en la mitad del periodo, reflejando un equilibrio deseado entre los esfuerzos de los meses anteriores y posteriores.

Ya hemos introducido este tema brevemente: cuando tratamos la "Captación de valor", en la semana 2, con el "Modelo de Negocio".

Pero ahora, nos proponemos avanzar en nuestro "Plan de Negocio".

Sí, modelos y planes son cosas diferentes; y esto me ha causado dudas e incomodidad durante mucho tiempo. Creo que la confusión empezó por la poca atención prestada a la comprensión de los sustantivos que representan cada documento diferente.

Todo **modelo** es una representación o una interpretación simplificada de la realidad. **Plan** es la abreviatura de la palabra "planificación"; y, por tanto, evalúa y construye el camino desde donde estamos hasta donde queremos llegar; en otras palabras, ¡trata de acciones!

Al final, hoy entiendo que los modelos son estáticos y los planes dinámicos... lo que me dio una enorme seguridad para operar en estos conceptos complementarios. El plan es, al fin y al cabo, activo como un "GPS".

También podría resumir que **el plan es el lado racional del modelo**. ;-)

Y, en esta dirección, seguiremos evolucionando la información financiera ya modelizada; para acciones más concretas, funcionalidades, pruebas, seguimiento y mejoras... ¡adelante!

Semana 9: Gestión de Ingresos

" Las mejores cosas de la vida son gratis, pero puedes dejárselas a los pájaros y las abejas: ahora, dame dinero; eso es lo que necesito."
-- The Beatles, "Money"

¡Pongámonos en marcha con nuestro "Ciclo de Rendimientos" para rodar!

Sí, toda gestión financiera es cíclica, y si al inicio de este mes 3, nuestra gestión aún tropieza y tiene momentos de interrupción, la propuesta es, ahora, ponerla en fluidez, en ritmo.

Las matemáticas son sencillas: el beneficio es siempre el resultado de restar los ingresos menos los costos y los gastos; y, aunque ya hayamos modelado los productos y servicios que nos aportarán ingresos, esto no significa que el dinero vaya a estar automáticamente en la cuenta bancaria al final de cada mes... aunque éste sea nuestro objetivo directo.

Así que tenemos que garantizar una mirada más atenta a las finanzas y comprender sus procesos.

Tanto para los ingresos como para los costos y gastos, creo en las secciones a continuación, que explican mejor sus respectivas actividades y recursos.

Planificación de Ingresos

De la modelización de los ingresos, pasemos a la planificación de los mismos.

Dentro de cada producto o servicio anotado en el modelo de negocio, siempre es necesario un detalle inicial de los procedimientos que contiene y que son del ámbito real de actuación de tu organización.

En otras palabras, la simple denominación de un producto o servicio no aclara, para nadie (cliente externo o colaborador interno), la comprensión clara de lo que se lleva a cabo o no.

De ahí que de la evolución de nuestro plan surja un primer artefacto, un primer producto de trabajo: una "Lista de Procedimientos".

Esta "Lista de Procedimientos" debería constituir entonces tu **portafolio de productos o servicios**; un "catálogo" a cuidar muy bien.

Y créame: aunque una empresa no cambie su oferta de productos o servicios, es muy habitual que se produzcan cambios en su lista de procedimientos, en cada revisión de la planificación estratégica organizacional.

Sin esa lista, también es común que se vendan, inventen o prometan productos y servicios que nadie sabrá cómo cotizar, ejecutar o gestionar adecuada y conjuntamente.

Por lo tanto, valoriza esta lista, como condición mínima para la gestión de tu cartera, ya que también apoyará los valores mapeados de interés del cliente, en alineación con tus objetivos: ¡todos estos puntos de vista deben cruzarse y, por lo tanto, permitir una condición exitosa para la obtención de ingresos!

¡De la "Lista de Procedimientos", ya es más fácil, y natural, pasar a la " Tabla de Precios"!

... ¡aunque me gusta más el nombre completo: " Tabla de Precios y Plazos "!

La calidad no se discute: ya se ha dado cuenta, desde el principio del libro, de que es una exigencia fuerte, que guía toda la gestión que aquí se ofrece.

De manera justa, sólo podemos ajustar los precios y los plazos; porque "ajustar la calidad" no tiene lugar para un servicio o producto deseado de excelencia.

Obtener beneficios, reduciendo la calidad, me parece una vergüenza...

Tampoco estoy de acuerdo con precios más altos para situaciones más urgentes y de emergencia: es extraño pagar más, por ejemplo, porque algo te duele más, insoportablemente, y necesitabas ser atendido con prontitud, ¿no?

Adelantar los plazos previstos, debido a urgencias y emergencias, no aumenta el precio: sólo deben percibirse como criterios técnicos, ya previstos en el nivel de servicio negociado... ¡quizá incluso como parte de la Misión de tu empresa!

Los plazos siguen, pues, una estrategia de agilidad de la empresa, de capacidad de hacer las cosas "bien a la primera", de minimizar las pérdidas por errores internos y retrabajos y de mantener el ritmo y la disciplina de las entregas acordadas... todo ello bajo la regencia de los procesos empresariales entrenados.

Los precios siguen alguna "**memoria de cálculo**" para la fijación de precios: debe haber una planilla en la que se detallen los costos directos e indirectos de cada producto o servicio. Ese cálculo te permitirá al menos conocer el costo mínimo de cada prestación, a partir del cual podrás añadir márgenes de seguridad y/o beneficio.

Cabe destacar sobre los precios que, independientemente de los costos de cada empresa en particular, muchos sectores y consejos de clase ya cuentan con alguna tabla aprobada para orientar el cobro de la prestación del servicio; como por ejemplo un convenio colectivo de la categoría profesional... ¡siempre vale la pena verificar la existencia de estas tablas y clasificaciones!

Objetivamente, conociendo nuestros procedimientos, costos, precios y plazos, podremos avanzar hacia la negociación de los **contratos**.

Es importante tener siempre a mano un modelo estándar para formalizar acuerdos sobre servicios o productos. Preferiblemente en formato digital y gestionado por una herramienta de firma electrónica con validez legal.

Creo que debemos buscar siempre un modelo fácil de leer por los clientes, muy claro; aunque es inevitable contar con un abogado que revise la necesaria adherencia a las cuestiones conocidas (regularidades, derechos, deberes, validez, rescisión, retrasos, garantías, multas, condiciones de salida, etc.).

La redacción de un modelo de contrato dice mucho sobre la veracidad de lo que se habló cordialmente por teléfono o en reuniones; por eso, muchos clientes aprecian esa lectura ya en el primer momento: basta no cambiar el tono al cambiar el canal de comunicación.

Y, todavía en esta planificación inicial de los ingresos, hay que asegurarse de que hay responsables formados en el **Proceso de Cuentas a Recibir**, considerando, por ejemplo:

• lista de clientes a facturar,

• calendario de facturación,

• formas de pago,

• confirmaciones de pago,

• información de contacto de los clientes,

• información de contacto financiero de los clientes,

• información para la emisión de facturas,

• descripción estándar (del servicio o producto) para las facturas,

• condiciones especiales de pago,

• aprobación de descuentos,

• evidencias de facturación y

• comunicaciones para la contabilidad.

Ok, ya podemos imaginar, entonces, que hay posibilidades de que el dinero entre en la cuenta... ;-)

Rutina Financiera

La puesta en marcha del Plan de Ingresos implica, concretamente, ¡realizar las ventas!

Y, por cada venta realizada, hay que tener cuidado con la redacción del **registro de la información** de venda; por ejemplo:

- nombre,

- documentos personales,

- sexo,

- fecha de nacimiento,

- descripción del material,

- forma de pago,

- forma de envío,

- fecha prometida y

- canales de comunicación.

Algún tipo de **protocolo de atención** de la venta, de servicio o producto siempre mostrará el compromiso establecido entre ambas partes y es una buena práctica de compromiso y transparencia con el nivel de servicio acordado.

También es aconsejable dejar **autorizaciones de valores** a recibir pendientes: en demora o acumulación.

Este "baño de calle", de la ejecución de la planificación en la vida real, servirá para identificar las mejoras necesarias y nos acercará, en el día a día, a la gestión de la relación financiera con el cliente.

Contraloría

Pero no se puede limitar cualquier proceso sólo a la planificación y a la ejecución: por otro lado, siempre debe haber un control, en contrapartida.

• Planificación,

• Ejecución, • Control y Seguimiento.

Y esto no es una excepción en la gestión de los ingresos, sobre los que necesitamos trabajar una contraloría financiera simultánea.

Por contraloría entendemos el mantenimiento de este Ciclo de Rendimientos modelado, el análisis de su flujo y la interpretación de sus resultados... un trabajo más ejecutivo que operativo.

Así, nos serviremos de **auditorías internas de recaudación, de indicadores de desempeño financiero** y un **proceso de contabilidad gerencial**.

En las auditorías internas, se buscan conciliaciones bancarias y contables; es decir, en los ingresos, que todas las facturas emitidas se confirmen en la cuenta corriente, con sus impuestos cobrados; el extracto bancario debe conciliarse con su sistema financiero y con su contabilidad.

Esta conciliación periódica se reflejará en los indicadores de desempeño asociados, con importantes resultados esperados para:

• el beneficio,

• el índice de captura de los cobros (valores facturados VS valores recibidos),

• el eventual impago de los títulos de crédito y

• el peligroso envejecimiento de los valores a recibir (que se olvidan y se aceptan con el tiempo).

El proceso de contabilidad de gestión debe entonces favorecer este seguimiento de los títulos de crédito y la trazabilidad de los retrasos o desautorizaciones.

Una mala calidad de este proceso permitirá que se emitan facturas con errores y que el dinero ya no vuelva a la empresa.

Micro, Pequeña, Mediana, Grande u Online

Bien, estoy de acuerdo: gestionar R$ 10.000, en ingresos, es muy diferente de gestionar R$ 100.000, que es muy diferente de gestionar R$ 1.000.000; por mes.

Y el esfuerzo de gestión para captar esta suma de dinero, en sólo cuatro semanas, consecutivas, también es muy diferente: ¡el tiempo parece pasar demasiado deprisa (a la vista de los impedimentos)!

Así pues, no tiene sentido comparar la gestión financiera doméstica, de su cuenta corriente, con la gestión financiera empresarial, de varias cuentas bancarias de la persona jurídica: son órdenes de magnitud completamente diferentes.

Sin embargo, acostúmbrate a que hay similitudes en el camino: los errores siempre costarán dinero, con una pérdida proporcional.

Una cuenta personal bien organizada, acostumbrada a las proyecciones de futuro, a cuadrar presupuesto, volumen de negocio y reservas, facilitará la transición hacia una gestión financiera más profesional... porque asumir compromisos y riesgos forma parte de ambas realidades.

Por lo tanto, no te obsesiones tanto con las cifras absolutas: piensa mejor en los porcentajes.

Acepta que la microempresa te animará a desarrollar un mejor control financiero personal.

Cuando se percibe a sí mismo como una pequeña empresa, puede que ya existan algunos líos financieros que será necesario sistematizar, en un nuevo avance de madurez.

Una empresa mediana realmente necesita más capacidad atribuida a su Ciclo de Rendimientos y a su equipo.

Una gran empresa necesitará esforzarse para mantener el mismo grado de control, minimizando las pérdidas del "dinero que pasa por las manos".

Micro, pequeñas, medianas o grandes empresas pueden ser físicas u online.

¿Quién era yo antes de este capítulo?

El éxito de la semana 9 evoluciona con el tiempo y se consolida en un maduro **Informe de Gobernanza y Contraloría**.

Así, progresivamente, los indicadores de desempeño financiero, ampliamente comunicados en la empresa, van incorporando visiones más reservadas, desde el Consejo Administrativo, de la ética de los negocios y de los intereses corporativos.

Hoy, en un documento ejecutivo específico, reúno:

• balance patrimonial;

• demostración de resultados (DRE);

• demostración del flujo de caja (capital de giro y reserva financiera);

• cuentas a pagar (endeudamiento);

• cuentas por cobrar (impagados o atrasos);

• valores pagados por categoría de costos (presupuesto del plan contable);

- lista de procedimientos, precios y plazos;
- cantidad de procedimientos;
- ingresos por fuente pagadora;
- ingresos por tipo de procedimiento;
- informe de producción;
- ticket medio de los procedimientos;
- distribución de clientes por cumplimiento y ticket medio;
- beneficios;
- informe de remuneración de los socios;
- nómina;
- lista de equipos;
- certificados negativos de la entidad jurídica.

Un activo organizacional de alto nivel y de gran valor para la expansión empresarial.

El Proceso Mapeado

[nuevo ciclo de rendimientos] Instanciar la lista de clientes a facturar.

[planificación de ingresos] Seguimiento del envío de las próximas facturas por orden de prioridad.

[planificación de ingresos] Generación de informes de facturación mensuales a enviar.

[planificación de ingresos] Generar una factura de servicio.

[rutina financiera] Generación de la factura de cobro registrada, si procede.

[rutina financiera] Generar el envío de mensajes de comunicación.

[rutina financiera] Registrar lanzamiento en el sistema de control financiero.

[rutina financiera] Versiones de facturas enviadas por cliente y mes de envío.

[rutina financiera] Actualizar entradas recibidas en el sistema financiero.

[contraloría] Evaluar el seguimiento de los contactos de la cobranza de las cuentas por cobrar.

[contraloría] Revisar el envío completo de facturas del mes anterior.

Semana 10: Gestión de Costos

" *Está bien estar un poco quebrado; todo el mundo está quebrado en esta vida. No pasa nada. Es sólo la vida.*" -- Bon Jovi, "Everybody's Broken"

Es cierto que nuestro "Ciclo de Rendimientos" pierde un poco de velocidad, limitado por los inevitables gastos (risas).

Sí, los gastos fuera de control crecen muy, muy rápido en cualquier breve pérdida de atención.

A continuación, repasaremos, de forma similar a los ingresos, los apartados que mejor explican los procesos, actividades y recursos desde la perspectiva de los costos.

De todas formas, este es el consejo básico, para todo este capítulo: siempre ten a mano la información de contacto directo con el gestor de tu cuenta bancaria; preferiblemente: nombre, teléfono celular (con WhatsApp) y correo electrónico... ¡seguro que te resultará útil! ;-)

Y atención: los gerentes cambian continuamente...

Plan de Cuentas

Volvamos a nuestras "**categorías de costos**", enumeradas en la semana 2, durante la modelización del negocio.

Es importante llegar a una lista de ítems de "fuerte cohesión", casi indivisibles, "atómicos", para obtener una granularidad adecuada de esta lista de categorías de costos; lo que facilita así la asignación individual del respectivo presupuesto previsto.

Una vez asignados los objetivos para cada categoría de costos, valide la suma de todos estos gastos: se espera que el total siga siendo inferior a los resultados previstos para los ingresos, ¡favoreciendo el beneficio!

Con las categorías de costos y los presupuestos listos para la gestión, comienza el esfuerzo de supervisión periódica del desempeño financiero; y aquí, los sistemas informatizados son herramientas útiles para activar alertas instantáneas, tras la actualización constante de los valores consolidados y previstos.

Este seguimiento también puede facilitarse distribuyendo las categorías de costos entre más de un **centro de costos**. El objetivo en este caso es ampliar y descentralizar la responsabilidad del cumplimiento de cada presupuesto respectivo: cuantos más responsables participen en este seguimiento, más posibilidades tendremos de obtener resultados satisfactorios.

Es importante entender esta diferencia entre categorías de costos y centros de costos: son estrategias diferentes que, en algún momento, ¡serán complementarias al control presupuestario!

Una simple y útil **medición mensual** es contar cuántas categorías se ajustan al patrón obvio de colores: "verde" (gastos dentro del objetivo), "naranja" (en el límite del objetivo) y "rojo" (por encima del objetivo).

De todas formas, no nos equivoquemos: es habitual hacer pequeños ajustes a estos objetivos de un mes a otro, para corregir unas expectativas a veces demasiado conservadoras (siempre "verdes"), a veces demasiado atrevidas (siempre "rojas"); ¡quizás, el balance de un plan de cuentas justo tienda más hacia el "naranja"!

Adquisición y Compras

"De grano en grano, la gallina llena el buche": escuché esta frase (desde la perspectiva de la reducción de gastos) muchos años antes de mi primer cargo directivo, por un responsable de compras, en una industria multinacional.

Así que todos los ahorros son bienvenidos: ¡preste mucha atención al proceso de compra!

¿Cuáles son los próximos ítems que hay que comprar?

¿Cuáles son los próximos ítems que vencen?

¿Cuáles son las próximas compras a recibir?

¿Qué compras quedan sin utilizar?

Las preguntas anteriores son sencillas, pero deberían formar parte de un "panel" de control y seguimiento siempre activo: es fácil perderse en las respuestas... y estamos hablando de perder dinero.

¡Toda gestión de existencias e inventarios es estratégica y requiere un esfuerzo inevitable!

Desde el principio, ya debe haber información para la identificación clara de las **empresas** proveedoras (nombre, CNPJ, teléfono, dirección, certificados) y contactos de sus **proveedores** (empresa, nombre, teléfono, correo electrónico); preferiblemente, debe haber criterios objetivos, preestablecidos para la **calificación** de estos proveedores.

También es necesario gestionar las categorías de tus insumos y gestionar los movimientos de un típico "ciclo de vida":

• solicitación de ofertas comerciales,

• igualación de las propuestas recibidas,

• revisión del saldo mínimo a mantener,

• aprobación gerencial para compra,

- formalización del pedido de compra,

- seguimiento del envío,

- recepción y comprobación,

- comunicación de la entrega,

- actualización del nuevo saldo,

- supervisión de la taza de consumo,

- alerta por la pérdida de validez.

La tentación de **automatizar el proceso** o de recurrir a alguna herramienta electrónica de apoyo es inmediata y, sí, ¡deseable!

Al fin y al cabo, revisar, planificar, solicitar, igualar, aprobar, pedir, fraccionar, pagar, hacer el seguimiento, recibir, comprobar, utilizar y desechar son actividades continuas y agotadoras, en cualquier sector de actividad, cuando se trata de adquisiciones y compras.

Si el costo es fijo, o regular, a lo largo del año, cualquier ahorro, en una buena negociación financiera, se proyectará con un multiplicador de **12 veces**... ¡y eso hace mucha diferencia en cualquier presupuesto!

"De grano en grano, la gallina llena el buche"...

Hazlo para cada evento de compra, para cada insumo, y te darás cuenta de una gratificante reducción de tus gastos: ¡es un "precio" que vale la pena pagar!

Costos de los incidentes

A menudo ignorado, debido a su naturaleza asociada a una cultura de gestión por procesos y a una madurez organizacional superior, ¡las pérdidas financieras causadas por el **retrabajo** son absurdamente enormes!

Sin miedo, en una rápida abstracción, diría que la reducción de incidencias, haciendo que la ejecución de los procesos de negocio sea " buena a la primera", garantizaría el pago de dos sueldos anuales a cada empleado, en el sector privado.

(pausa para reflexionar seriamente)

Sí, en lugar de 13 sueldos anuales, ¡se podría llegar fácilmente a 15 sueldos! Y aún con un excedente de beneficios a repartir entre los ejecutivos.

Estoy seguro de esa cuenta. En ejercicios realistas, ya he obtenido resultados mensuales del 10% al 20% de pérdidas por retrabajo, en comparación con el valor total de una nómina. También puedo proyectar pérdidas mucho mayores en varias otras empresas conocidas, que no dedican atención y no invierten tanto en su Garantía de Calidad.

He aquí mi invitación para que experimentes: elige cualquier conjunto deseado (unidad, sector o equipo), establece un control de calidad riguroso e independiente sobre dichos procesos empresariales mapeados, y por cada incidente notificado ("error interno" o "error externo"), asigna el costo monetario de las respectivas pérdidas de material y pérdidas de tiempo (calculadas en valores de HH, hora hombre) ... al final, ¡dime tu porcentaje para el mes (si tienes el valor)!

Como ya he dicho, es el famoso "dinero que se escurre de las manos"...

La conclusión es obvia y ya se ha anticipado: el trabajo más caro es siempre el que nunca debería haberse hecho... ¡peor aún, cuando se hace más de una vez!

¿Y la solución?

La solución está en la búsqueda de la excelencia en la gestión, ¡en la mejora continua!

Hecho: la gestión superior es a las empresas, como el valor de la educación es a los problemas de un país... no busques atajos.

Una motivación más, pues, para que retomemos nuestra anterior Semana 6 (procesos).

Micro, Pequeña, Mediana, Grande u Online

Una pequeña empresa no tiene un CEO (del inglés, ”*Chief Executive Officer*[1]”), ni un CFO (del inglés, ”*Chief Financial Officer*[2]”) o un COO (del inglés, ”*Chief Operating Officer*[3]”).

Una pequeña empresa tiene un fundador con varios ” gorros ” (papeles), ¡que se alternan durante la semana de trabajo!

Ya hemos hablado un poco de esto, en la Semana 4, sobre ”Equipos de Trabajo”; y volveremos a hacerlo, más adelante, en la Semana 16, sobre ”Gestión del Mantenimiento”.

Esta mayor complejidad jerárquica viene, naturalmente, con el aumento del tamaño de las empresas.

Sin embargo, es interesante observar por qué muchos directores financieros se convierten en directores ejecutivos, en las grandes corporaciones...

• Porque es una función ejecutiva de alto nivel, con gran impacto en la dirección de la empresa.

• Por ser un líder establecido, que supervisa todo un departamento.

• Por una comunicación eficaz, compartiendo el ”por qué” de las decisiones y negociando con las partes interesadas.

• Por la capacidad de inspirar, influenciar y motivar a otros.

• Por el coraje, especialmente durante las adversidades y las crisis.

---

[1] https://es.wikipedia.org/wiki/Director_ejecutivo
[2] https://es.wikipedia.org/wiki/Director_de_finanzas
[3] https://es.wikipedia.org/wiki/Director_de_operaciones

En otras palabras, **liderazgo**, **decisión**, **comunicación**, **negociación**, **influencia** y **coraje** son atributos que orbitan en el universo de las finanzas; tienen una relación directa con el dinero: ¡conócelo, porque será importante para ti en el avance de tu empresa!

¿Quién era yo antes de este capítulo?

Gastar es más fácil que ganar, y la mejor pregunta que orienta ese control necesario me parece que proviene de la cantante Rita Lee[4]: "**¿puedo vivir sin eso?**".

Es gracioso, pero tal pregunta es asertiva a la hora de eliminar adquisiciones por modas o antojos; ¡centrándonos en lo realmente necesario!

Cuando viví mi primera "semana 10", la empresa tenía R$ 2 en saldo momentáneo de su cuenta corriente; y eso explica todo el esfuerzo de la trayectoria construida, después.

R$ 2...

¡En 11 años, hemos multiplicado la cantidad de ventas en 12 veces!

Es decir, pasamos a vender en 1 mes lo que antes vendíamos en 1 año... ¡vaya! ;-)

"Apenas" invirtiendo en calidad y siguiendo, exactamente, lo que está presentado en todos estos capítulos: esta es mi mayor evidencia de la entrega de valor real.

Muchas veces, esperamos la magia, la complejidad innecesaria, el CEO de portada de revista, el "Salvador de la Patria", solamente aceptado si se graduó en el exterior o con MBA y especializaciones acumuladas en serie; pero es posible hacer que sucedan muchas

---

[4]https://es.wikipedia.org/wiki/Rita_Lee

cosas, en la práctica, con "sólo" una **claridad de ideas**...y de eso se trata el conjunto de este libro.

El Proceso Mapeado

[pedido de compra] Reunir la factura y la nota de venta.

[pago verificado] Programar el pago según la fecha de vencimiento.

[pago agendado] Registrar el lanzamiento en el sistema financiero.

[pago registrado] Autorizar el pago registrado.

[pago aprobado] Conciliar el extracto bancario y el sistema financiero.

[pago confirmado] Consolidar informes de movimientos contables.

[pagamento comunicado] Proyectar metas y próximos pagos.

[presupuesto planificado] Actualizar presupuesto (plan de cuentas).

[presupuesto actualizado] Comunicar lanzamientos por categoría y centros de costo.

[presupuesto comunicado] Revisar acciones de reducción de costos.

[presupuesto optimizado] Evaluar las condiciones de distribución de beneficios.

[presupuesto controlado] Comunicar al consejo de socios.

Semana 11: Contabilidad Ejecutiva

"*Automóvil nuevo, caviar, un sueño despierto de cuatro estrellas, creo que me compraré un equipo de fútbol. Estoy en el grupo de primera clase y alta fidelidad, creo que necesito un jet. Pero si pides un aumento, no me extraña que no te lo de.*" -- Pink Floyd, "Money"

En este "Mes 3", de la Gestión Financiera, con el Ciclo de Ingresos en marcha, las cuentas por cobrar y las cuentas por pagar, el siguiente paso, natural, es asegurarte de que tu contabilidad está organizada.

Ni siquiera hay tanto misterio: ¡toda contabilidad refleja tu capacidad para saber hacer cuentas! ;-)

Pero, sin duda, ¡hay que disciplinarse con muchas ceremonias a cumplir!

Ya hablamos de las **ceremonias** en la "Semana 5" y aquí, ahora, comprenderemos más detalles de estos actos contables.

Lo genial es notar que, una vez más, recurrimos al cruce de información entre capítulos, ¡y ya se percibe el "gusto" por una **gestión integrada**, en nuestra formación práctica!

Movimiento Contable

Si un día alguien está interesado en adquirir tu empresa, o te haces accionista de tu estructura societaria, créeme que todo tiende a comenzar con la información preliminar a continuación, en retrospectiva de los últimos 3 ejercicios contables.

- La **Demostración de los Resultados** del Ejercicio (DRE[1]), con evidencia de los ingresos operacionales brutos consolidados.

- El **Balance Patrimonial**, en satisfactoria posición del capital propio (activo - pasivo).

- La **Demostración del Flujo de Caja**, en informes ejecutivos de seguimiento.

- El nivel de **Endeudamiento**, con proyecciones de futuras entradas a pagar, y los valores a recibir en **Atrasos e Impagos**.

- El detalle de la apertura de **Ingresos por Fuente Pagadora** e **Ingresos por Tipo de Producto/Servicio**.

- La evolución histórica de la **Cantidad de Ventas** y el **Ticket Medio** de los Productos/Servicios.

- El detalle de los **Costos** (con retorno financiero), divididos entre costos fijos y costos variables.

- El detalle de los **Gastos** (sin retorno financiero), clasificados en gastos comerciales, administrativos o generales.

- La **Regla de la Tributación** de la empresa (simple, beneficio presumible o beneficio real) y la última modificación del **Contrato Social**.

- Las comprobaciones de las diversos **Certificados Negativos de Débito** (CND).

Además de estas cuestiones financieras, probablemente habrá otras cuestiones operativas (por ejemplo, informe de producción, empleados), institucionales (por ejemplo, organigrama, historial) y de calidad (por ejemplo, certificaciones externas).

Lo importante, por tanto, es darse cuenta de que esa información debe estar "siempre a mano", actualizarse fácilmente, conocerse y participar en tu estrategia: ¡al día!

---

[1]https://es.wikipedia.org/wiki/Estado_de_resultados

Por lo tanto, no descuides las ceremonias que mantienen en marcha el movimiento contable.

Cada mes, alimenta tu contabilidad con el informe de los importes recibidos (y las respectivas facturas), el informe de los importes pagados (en las respectivas categorías de costos) y los extractos bancarios (incluidos los extractos de las tarjetas de crédito).

A continuación, mantén la programación periódica de la rentabilidad esperada de tu DRE consolidado del mes; y procede con confianza a dicha presentación ante el Consejo Administrativo de Socios, como prueba de tu revisión de la ejecución presupuestaria, en calidad de CEO. ;-)

¡No hay mejor referencia para orientar las distribuciones periódicas de beneficios!

Nóminas

¡Conoce bien tu Nómina!

Independientemente de la madurez o capacidad de tu departamento de Recursos Humanos, la nómina siempre exigirá tu especial atención ejecutiva.

Al igual que la DRE, debe existir una regularidad conocida para eventos tales como: el envío de información para componer la próxima Nómina (incluyendo actualizaciones de horas extras, admisión, promoción, anticipos salariales, beneficios, vacaciones y despidos), la recepción de la devolución de la Nómina consolidada y, por último, la programación de los pagos a tiempo.

¿Qué empleado no aprecia recibir su salario, regularmente, el primer día laborable de cada mes?

Y, en el mismo ciclo de un mes, me gustan, estratégicamente, las ideas de revisar o proyectar siempre los aumentos salariales y trabajar los beneficios que mejor combatan el patrón habitual de los motivos de ausencias en la empresa.

No es conveniente esperar pasivamente la próxima solicitud de aumento salarial, ni conformarse con las ausencias, los retrasos o la falta de motivación... ¡son calles de doble sentido!

En este significado, vale la pena, como complemento, una ceremonia más espaciada, anual o semestral, de consulta de respuestas a un Programa de Salud Ocupacional: simple como un formulario de correo electrónico, con identificación de las alteraciones y/o enfermedades que el empleado tenga en ese momento.

Se trata de una información de salud importante, para una planificación racional de las prestaciones, y de un nuevo y bonito indicador de desempeño y resultados.

Sí, **¡la gestión financiera pasa por el conocimiento de los procesos y de las personas!**

Micro, Pequeña, Mediana, Grande u Online

"No apresures al río..."; ¡ups, ya he utilizado esa frase antes!

También he mencionado las similitudes que unen a los directores financieros y a los directores ejecutivos.

Lo genial es creer que la contabilidad ejecutiva es un proceso que evoluciona de forma natural, con el tiempo, en una complejidad mucho más suave de lo que se piensa: ¡sólo hay que acostumbrarse (y aceptar) hacer cuentas desde siempre!

Toda contabilidad refleja tu capacidad para saber hacer cuentas...

Así, ingresos, gastos, costos, beneficios, ventas, ticket medio, flujo de caja, balances, impuestos y certificados se convierten en nomenclaturas a las que te acostumbrarás, aprendiendo, preguntando, familiarizándote, sin miedo.

¡No necesitas tener la formación de un CFO (del término presentado en inglés, "*Chief Financial Officer*[2]") para ejecutar una buena contabilidad ejecutiva!

Probablemente ni siquiera contrates a un CFO en un futuro próximo...

Ninguna "startup[3]" (literalmente, "una empresa emergente") empieza o necesita un CFO: si es así, es porque el riesgo de innovación es muy alto y la caída puede ser muy dolorosa.

En cualquier caso, ¡cuídate, financieramente!

¡Quién era yo antes de este capítulo?

¡Unas breves palabras sobre los **impuestos**!

No importa el tamaño de tu empresa: vas a pagar muchos impuestos.

Está garantizado que pagarás más impuestos al gobierno de los que distribuyes beneficios reales a los socios... ¡está garantizado!

De ahí el consenso de que todo gobierno es el socio mayoritario de toda empresa privada: prueba evidente de la dificultad de emprender... y los impuestos siguen aumentando.

Por lo tanto, considera seriamente la elección de tu asesoría contable (interna o externa): el contador debe ser más organizado que tú, el contador debe ser más regular que tú; de lo contrario, las cuentas siempre estarán mal o desfasadas... ¡un hecho!

Considera el peso de los impuestos en tu lista de precios de venta: el impacto sobre el valor neto a cobrar existe en la práctica.

---

[2]https://es.wikipedia.org/wiki/Director_de_finanzas
[3]https://es.wikipedia.org/wiki/Empresa_emergente

Considera, además, un asesoramiento fiscal, en consulta con abogados especializados en la revisión de los impuestos a recaudar: para que tus cuentas sean también legalmente correctas.

Eventualmente, si pagas "demasiado", el Gobierno nunca te devolverá el cambio.

Interesarse por los impuestos se traduce en una madurez superior a la regularidad fiscal y económica.

El Proceso Mapeado

[orientaciones consolidadas] Presentación de nóminas de los empleados.

[nómina consolidada] Proyectar y agendar los pagos en función de los saldos bancarios.

[saldo previsto] Revisar y proyectar los aumentos salariales de los empleados.

[nómina analizada] Agendar beneficios a pagar a los empleados.

[beneficios consolidados] Reunir extractos bancarios del mes anterior.

[saldo consolidado] Emitir un informe de las cuentas recibidas del mes anterior.

[ingresos consolidados] Emitir un informe de las cuentas pagadas del mes anterior.

[costos consolidados] Comunicar el movimiento contable a la Contabilidad.

[contabilidad consolidada] Actualizar el presupuesto (plan de cuentas).

[presupuesto actualizado] Comparar el valor esperado y la media de "ingresos".

[ingresos analizados] Comparar el valor esperado y la media para los "gastos".

[gastos analizados] Comparar el valor esperado y la media de los "beneficios".

[beneficios analizados] Comparar el valor esperado y la media para los "deudores".

[deudores analizada] Comparar el valor esperado y la media para "capital circulante".

[capital circulante analizado] Comparar el valor esperado y la media de las reservas financieras.

[reservas analizadas] Revisar y planificar acciones de reducción de costos.

[costos previstos] Evaluar las condiciones para la distribución de los beneficios.

[distribución de los beneficios analizada] Comunicar al Consejo Administrativo y evaluar la reunión.

Semana 12: Gestión de Relaciones

" *"Lo siento amor, te dejo esta noche. He conocido a alguien nuevo, está esperando fuera en el automóvil. Cariño, ¿cómo puedes hacer esto? ¡Los dos nos juramos amor eterno! Dije que sí, lo sé, pero cuando lo hicimos, había una cosa en la que no estábamos pensando, y es el dinero: el dinero lo cambia todo, el dinero lo cambia todo."* -- Cyndi Lauper, "Money Changes Everything"

El final de este mes, dedicado a las finanzas, tiene una estrecha relación con la Gestión de la Medición; y por lo tanto hace uso de los artefactos aprendidos en la semana 8, en una gestión integrada de la relación financiera con los clientes.

Inicialmente, consideremos 2 ejes: horizontalmente, el "ticket medio"; y, verticalmente, el cumplimiento.

Por "ticket medio", entendemos el importe total recibido de un cliente, dividido por el número total de unidades vendidas a ese cliente; es decir, si todos los productos/servicios adquiridos por ese cliente tuvieran el mismo valor, ese sería su "ticket medio".

Y si tomamos el concepto de "ticket medio" para sumar todos los clientes, tendremos una bonita división de referencia en el eje X (media de los tickets medios). Si, del mismo modo, definimos una escala de cumplimiento (entendida como la puntualidad en el pago), tendremos la misma división media reflejada en el eje Y. Con esto, formaremos un cuadrante, para posicionar cada **relación financiera** específica.

Cuanto más "arriba" (buen pagador) y "derecha" (buen valor), ¡mejor!

Cuanto más "abajo" (el cliente se retrasa o paga menos) y más "a la izquierda" (el cliente paga poco), peor...

Sólo tenemos que añadir una dimensión más: el número de unidades vendidas al cliente. Sí, queremos un **gráfico de burbujas**, en 3 dimensiones, en el que el "tamaño de la burbuja" respectiva represente el impacto de cada cumplimiento y su "ticket medio".

Cuanto mayor sea la "burbuja" (cantidad), mejor si está por encima y a la derecha, peor si está por debajo y a la izquierda.

Al final de este grato ejercicio graficado, deseo que todas tus "burbujas" sean ligeras y flotantes; y no decanten y se precipiten por el peso de cualquier problema intrínseco...

Análisis Gráfico

Nuestro objetivo es comprender cómo favorecer una mayor **aproximación comercial**. Y la cuestión conexa es cómo podemos servir mejor a nuestros clientes.

En este análisis, se puede observar, como costos de baja calidad, problemas recurrentes de incumplimiento, contratos desactualizados por mucho tiempo y grandes variaciones en el número de trámites entre clientes.

Es común, aunque desagradable, observar que sólo el 20% de los clientes suelen representar el 80% de la facturación empresarial; generando una fuerte dependencia y un menor poder de negociación... No sé muy bien por qué, pero suele ser así, en realidad, en muchos casos Es común, aunque desagradable, observar que sólo el 20% de los clientes suelen representar el 80% de la facturación empresarial; generando una fuerte dependencia y un menor poder de negociación... No sé muy bien por qué, pero suele ser así, en realidad, en muchos casos.

Por lo tanto, una estadística descriptiva mínima también nos ayudará a interpretar los datos.

¿Cuál es el "ticket medio" mínimo? ¿Y el máximo?

¿Se acerca la media al objetivo deseado?

Si estas burbujas se mezclan y dificultan la visualización, también vale la pena agrupar a los clientes por categorías y estrategias similares.

Planes de Acción

Con el paso de los meses y la acumulación de datos históricos, es interesante comprender los movimientos de estas burbujas en el gráfico y evaluar qué acciones de mejora fueron eficaces para planificar los cambios deseados.

Aquí, la gestión de las relaciones financieras ya se mezcla con la gestión de la comunicación institucional, de la que nos ocuparemos más adelante, en la semana 15: ¡en este mismo camino de ida y vuelta, apuntamos a las acciones de mejora!

Por lo tanto, tal resultado implicará finalmente:

Presentación de la empresa,

Presentación del portafolio de servicios y productos,

material impreso de divulgación,

modelos de contratos,

renovación de contratos,

tablas de precios y plazos,

definición del nivel de servicio acordado,

agendas y actas de reuniones ejecutivas,

encuestas de opinión,

tarjetas de reconocimiento,

rapidez en los canales de comunicación,

transparencia para la auditoría,

participación de la dirección,

presencia en internet,

entre otros.

En resumen, ¡todo lo que favorece tu **gestión comercial**!

Desde la atención del marketing hasta la concretización de la venta, el éxito está en la calidad de tu seguimiento: seguir la evolución de cada etapa es una disciplina de gran habilidad y sensibilidad.

Micro, Pequeña, Mediana, Grande u Online

Verifica y valida; ¡**pruebe**!

Toda relación implica **verificación** y **validación**.

Porque todo parecerá siempre demasiado perfecto si antes no se cuestiona la realidad.

Por tanto, las pruebas son inevitables: ya sean pruebas internas de verificación de la integración o pruebas externas de aceptación de la validación.

Desafía, cuestiona, provoca cómo sigue funcionando todo, ¡pero siempre con los ojos de tu cliente! ¡Baja del "escenario" y disfruta (controlando la ansiedad) de tus operaciones vistas por el público!

Internamente, ¡el éxito se percibirá entonces en un flujo agradable y fluido! Sin mucho esfuerzo, el trabajo fluye, las interfaces se comunican y las entregas se realizan, continuamente... En inglés lo llaman "*mojo*[1]"...

---

[1]https://www.amazon.com.br/Peak-Great-Companies-Their-Maslow/dp/0787988618

Externamente, es el cliente quien evalúa: el resultado ya no está en el juicio técnico del especialista. Invierta en esta Gestión de las Relaciones: trabaje el marketing, la prospección, las ventas ¡y mide siempre la satisfacción!

En una escala del 0 al 10, ¿en qué medida nos recomendaría a un amigo o colega?[2]

Empresas pequeñas suelen pensar que "todavía no es el momento de hacer tantas preguntas"; **empresas grandes** preguntan siempre, pero terminan dando muy poco valor a las respuestas recibidas...

¡Acepta cuanto antes que ésta es la gran prueba de la vida! ¡Eso es lo que realmente importa!

¡Quién era yo antes de este capítulo?

En la experiencia personal del mes 3, organizamos:

"Proceso de Facturación de Cuentas a Cobrar", "Proceso de Programación de Cuentas a Pagar", "Proceso de Contabilidad Executiva",

"Proceso de Gestión de la Regularidad" y "Proceso para la Gestión de Clientes y Servicios";

Pero tardamos, años, en implementar un "Proceso de Marketing y Ventas".

¡Error!

La prospección de nuevos clientes era una actividad poco controlada, reactiva e imprevisible, que ni siquiera estaba claramente explicada en el "Proceso de Gestión de Clientes y Servicios" existente.

La dura lección fue darse cuenta de que descuidar uno solo, o varios procesos, siempre traerá pérdidas como resultado común... incluso en una empresa con una amplia cultura de procesos.

---

[2]https://www.amazon.com.br/Pergunta-Definitiva-Edi%C3%A7%C3%A3o-revista-atualizada/dp/8550802557

Sin embargo, la mencionada "claridad de ideas" aceleró el retorno deseado: incluso sin el apoyo inmediato de herramientas electrónicas, fue posible organizar los " deals" (oportunidades de negocio) en un seguimiento regular de las transacciones, clasificadas como "exitosas", "perdidas" o "en curso".

De forma complementaria, las sesiones de Gestión de Decisiones ("Semana 3") también fueron muy útiles para orientar sobre la rescisión o el mantenimiento del contrato, con clientes de bajo cumplimiento y bajo ticket medio... elecciones difíciles pero necesarias.

El Proceso Mapeado

[disparo para revisión de precios] Revisar tablas de precios estándar por tipo de cliente.

[precios estandarizados] Comparar eventuales diferencias en las tablas de precios y plazos.

[tablas estandarizadas] Ajustar las negociaciones de las tablas muy desfasadas.

[revisión estandarizada] Identificar los nuevos clientes deseados.

[clientes a prospectar] Iniciar aproximación comercial por tipo de cliente.

[nuevo cliente] Formalizar contrato, tabla y nivel de servicio.

[nueva relación] Planificar invitación para encuesta de opinión del cliente.

[solicitud del cliente] Orientar y supervisar próximas acciones de mejora continua.

MES 4 "GESTIÓN ADMINISTRATIVA"

- Semana 13: Gestión de la Regularidad
- Semana 14: Gestión de las Personas
- Semana 15: Gestión de la Comunicación
- Semana 16: Gestión del Mantenimiento

Opa, ¡ya tenemos un negocio sólido en marcha!

¡Siempre vale la pena **administrarlo bien**!

Este mes, después de la implementación del liderazgo, de la calidad y de las finanzas, vamos a organizar y formatear nuestra rutina administrativa, prestando atención al cumplimiento fiscal, a las personas, a la comunicación y al mantenimiento de los recursos materiales.

Es, pues, un mes de agregación, de empaquetamiento, de preparación de un camino más libre y creativo para los últimos 100 días de este viaje inicial, que termina en el mes 5.

Semana 13: Gestión de la Regularidad

" Y, ahora, haces lo que te dicen. Y, ahora, haces lo que te dicen. Y, ahora, haces lo que te dicen." -- Rage Against The Machine , "Killing In The Name"

Sean todos introducidos en el Poder Público: el conjunto de órganos con autoridad para llevar a cabo las obras del Estado.

Y no tiene sentido resistirse, porque resistirse es inútil y puede paralizar sus operaciones. Así, ¡tú también serás inevitablemente asimilado!

Esta semana, pues, hay que prestar atención a los necesarios certificados de regularidad fiscal, regularidad económica y adherencia aplicados a cualquier negocio... porque no tiene sentido poner todo lo que se ha construido a perder por la posible falta de una simple licencia.

Referencias Legales

Cualquier entidad de clase, destinada a proteger y representar a sus asociados, garantiza las directrices de la legislación de interés específico para tu negocio.

Sepa esto.

Es importante listar, reunir, comunicar, estudiar y adherir a tales resoluciones y documentos.

Está claro que es un trabajo pesado: lleno de normas, controles y procedimientos explícitos; a veces redundante, obsoleto e incluso innecesario; pero....

Creo que la red de expertos formada en la semana 4, mediante el nombramiento del Grupo de Procesos, acaba siendo su mejor opción (integrada) para delegar esas lecturas iniciales.

Como CEO, acabo actuando en un segundo momento, de revisión y adhesión a los puntos más controvertidos o dudosos. He vivido, por ejemplo, el impedimento a la implantación de una buena práctica, aún demasiado "moderna" o disruptiva para la documentación actual.

En el momento de escribir este libro, tengo 35 resoluciones, ordenanzas o notas técnicas de adhesión legal; y confieso que aquí no hay mucho espacio, ni agilidad, para la colaboración o la innovación.

Es un hecho: sólo trata de aceptar y facilitar que tu empresa sea bien recibida y acogida, públicamente... con eso basta y sobra.

Modelos de Madurez y Capacidad

La buena noticia es que existen alternativas para mantener la necesaria adhesión legal, de una forma mucho más amigable y atractiva al conocimiento: ¡los modelos de madurez y capacidad!

Básicamente, tales modelos son referencias, que contienen prácticas y resultados esperados, relevantes a la madurez y ganancias de capacidad en disciplinas necesarias (o áreas de conocimiento) específicas a su operación, buscando avanzar en un amplio proceso de mejoría corporativa.

Y basta investigar que están presentes en cualquier industria de operación, a través de las usuales auditorías externas para acreditación de su calidad.

Sí, buscando validar tu garantía de calidad, a través de conocidos sellos de certificación, también obtienes y comprendes mejor el cumplimiento de todos esos requisitos legales obligatorios. ;-)

Llevo años siguiendo este camino, que me parece mucho más atractivo y por tanto recomiendo.

Tales modelos están siempre muy bien escritos, de una sabiduría clara y de un conocimiento acumulado: nunca he visto que una aplicación de tales modelos no aporte ganancias, tanto para los empleados como para la empresa.

En mi ejemplo, tenemos 3 acreditaciones externas de calidad: una más centrada en la gestión ejecutiva de la salud (ONA, en el nivel 3, de excelencia), otra más especializada en la práctica técnica y médica (PACQ, de SBP) y la tercera de aplicación más amplia y no específica de la salud (ISO 9001)... además del preceptivo permiso de ANVISA.

Comprende que la posibilidad de ser sorprendido por alguna cuestión más burocrática y documental es mínima, ya que las 4 auditorías están certificadas por estas "premisas iniciales" de regularidad.

Y, cuando las acreditaciones nacionales ya estén "dominadas", ¡pasar a las nuevas certificaciones internacionales y a una posición de liderazgo aún más destacada!

En la realidad nacional, presente, pasada y probablemente futura, son relativamente pocas las empresas que poseen certificaciones independientes de su gestión de la calidad. Y es curioso observar que, muchas de las que no tienen ningún sello de calidad, se acostumbran a convivir con los problemas básicos de la vigilancia sanitaria; en la triste práctica actual del precio más bajo y siempre el precio más bajo a cualquier precio...

Lista Mínima de Documentos

No pienses que basta con hablar con tu gestor para obtener un préstamo bancario.

En otro ejemplo más concreto, date cuenta de que la formalización de los contratos de servicios para los proveedores de seguros médicos va mucho más allá del acuerdo inicial sobre la importante lista de precios.

La misma idea se aplica también a los documentos que deben presentarse tras la selección de un candidato para validar el inicio de su contratación.

Así pues, para hacer evolucionar este capítulo o "semana", ¡trata de recopilar ya tu **lista mínima de documentos de regularidad**!

Para cada elemento de esta nueva lista, asocia un recordatorio en la agenda para la ceremonia correspondiente ("Semana 5"), garantizando una actualización continua.

Probablemente necesitarás un "Procedimiento Operativo Estándar" en descripción adicional a cada actividad de este proceso, ya que es fácil olvidar por dónde empezar cada renovación en los años siguientes... incluso con la ayuda de tu contabilidad.

Si lo prefieres, ¡crea "Vídeos Operativos Estándar"! ;-)

Sí, la colaboración con la contabilidad es clave; y que sea realmente una colaboración: proactiva, previsible y disciplinada.

Micro, Pequeña, Mediana, Grande u Online

Para cualquier empresa...

Toda organización deseada comienza con su Tarjeta CNPJ, su Permiso de Localización y Contrato Social.

Y los cambios del Contrato Social deben ser versionados.....

También se necesita un Certificado Digital, que se utilizará como identidad virtual para validar tus operaciones online.

Y los Certificados Digitales caducan, necesitando ser renovados, cada cierto tiempo...

Otros ejemplos, básicos y comunes de conservar, son los Certificados de Liquidación de Deudas: Municipales, Estatales, Federales, Deuda Activa, Laborales, Improcedencia e Inelegibilidad Administrativa, Acciones Civiles y Penales, Reparto, Acciones y Ejecuciones, etc.

Atención: lleva un registro regular de tus facturas, emitidas y recibidas, pues tu contabilidad te las exigirá mensualmente.

Los contratos de Prestación de Servicios elaborados con sus clientes también deben estar firmados, en un formulario previamente validado por su representante legal: considere aquí la agilidad de las herramientas electrónicas.

Pero no se alarme: ¡toda esta evolución es natural!

A medida que tu empresa pasa de pequeña a mediana y a grande, el número de certificados, registros, permisos y declaraciones también aumentará proporcionalmente.

Lo importante es mantener tu lista de documentos, tanto fiscales como económicos, siempre muy organizada, disciplinada y previsible: no son más que ceremonias.

La buena noticia es que en 2023 nadie necesitará un molesto fax en la oficina... ¡aff! ;-)

¿Quién era yo antes de este capítulo?

Sí, este tema merece un capítulo dedicado, ¡ya que aún te ocupará mucho tiempo!

Y que tampoco te quite demasiada paciencia...

Renovar contratos y licencias con organismos públicos exige prestar mucha atención a la documentación solicitada: en un solo acto hay que reunir entre 10 y 20 elementos aproximadamente; todos firmados, escaneados por correo electrónico, legalizados ante notario y presentados en papel.

He aprendido a ocuparme de estos asuntos preferiblemente por la mañana, cuando estoy más tranquilo y descansado.... (risas)

También he aprendido a sacar provecho de la gestión de las auditorías de Calidad, en el perfecto mantenimiento de estas evidencias necesarias.

Cuidar de todos estos certificados, registros, permisos y declaraciones, para su presentación inmediata, siempre renovados y disponibles, se percibe, sí, como un claro signo de madurez de las operaciones de una empresa y de adhesión a procesos de regularidad muy bien establecidos.

Por mucho que siga existiendo una inevitable y excesiva burocracia...

El Proceso Mapeado

[recordatorio de evento de regularidad anual] El propietario del Proceso de Gestión de la Regularidad renueva certificados, inscripciones, permisos y declaraciones de la lista de documentos asociada.

[recordatorio de evento de regularidad mensual] El propietario del Proceso de Gestión de la Regularidad renueva certificados, inscripciones, permisos y declaraciones de la lista de documentos asociada.

[recordatorio de auditoría externa de calidad] El propietario del Proceso da Gestión de la Regularidad renueva certificados, inscripciones, permisos y declaraciones de la lista de documentos asociada.

[regularidad renovada] El propietario del Proceso de Gestión de la Regularidad comunica y versiona certificados, inscripciones, permisos y declaraciones de la lista de documentos renovada.

Semana 14: Gestión de Personas

"Han pasado años desde que le hablaron de la oscuridad que poseía su cuerpo. Y las cicatrices siguen ahí, en el espejo, cada día que se viste. Pero el dolor, ahora, queda kilómetros y kilómetros atrás. Y el miedo es sólo una bestia dócil. Si le preguntas por qué sigue corriendo, te dirá que eso la completa: corro por la esperanza, corro para sentir, corro por la verdad, por todo lo que es real; corro por tu madre, tu hermana, tu mujer; corro por ti y por mí, amigo... corro por la vida. Está borroso desde que me contaron que la oscuridad también me pasó factura. Y, entonces, cortaron mi piel y cortaron mi cuerpo, pero nunca tendrán un pedazo de mi alma. Y ahora sigo aprendiendo la lección: despertar cuando oigo la llamada. Y, si me preguntan por qué sigo corriendo, les diré que lo hago por todos nosotros. Corro por la esperanza, corro por los sentimientos, corro por la verdad, por todo lo que es real; corro por tu madre, tu hermana, tu mujer, tu hija; corro por ti y por mí, amigo mío... corro por la vida" -- Melissa Etheridge , "I Run For Life"

Un tema que tenemos que seguir aprendiendo juntos: ¡la gestión de personas!

Y aquí, en la semana 14, creo que encaja mejor en nuestro viaje de 100 días.

Fíjate que ya hemos hablado de equipos y de sus temas derivados: organigrama, puestos funcionales, grupo de procesos, escalada de problemas, formación de líderes, competencias, tutoría, reuniones diarias y cultura organizacional.

Sin embargo, aunque implican a personas, estos temas están más asociados a una visión ejecutiva de los equipos.

¿Cómo sería entonces la visión de los equipos por parte de sus ejecutivos?

¿O la visión de los empleados por los propios empleados?

A partir de ahí, nuestra trayectoria sigue en humilde aprendizaje: los cumplidos suceden, pero cada crítica recibida duele; y ellas, sí, también suceden.

Una vez, fijé una etiqueta en el ordenador del responsable administrativo: "no gestiones personas, gestiona el sistema (de procesos)"; y fui, poco después, "bombardeado" por un analista que presentó su renuncia en "total desacuerdo" (aunque sigo pensando que fui muy malinterpretado).

En otra ocasión, tratando un delicado asunto laboral entre dos empleados, que se produjo dentro de los límites de la empresa, fui blanco de "fuego amigo": " Recursos Humanos es débil".

La buena noticia, expuesta en el capítulo/semana anterior, es que también existen modelos de madurez y capacidad dedicados a mejorar esta gestión; y así sigo estudiando "CMM People[1]"... ¡inspiración para un probable y práctico libro en el futuro!

El objetivo de este proceso de gestión de personas es sencillo: dotar a la organización de los recursos humanos necesarios, manteniendo sus competencias en consonancia con las necesidades del negocio, con componentes para **"atraer talentos"** y **"formar y retener talentos"**..."*champions*"!

Por ahora, sigo la organización de las subsecciones siguientes en un enfoque honesto y vencedor... ¡porque nuestra mejora es realmente continua!

---

[1]https://en.wikipedia.org/wiki/People_Capability_Maturity_Model

Despido

Cuando se trata de recursos humanos, no hay forma de escapar de los procesos empresariales habituales de reclutamiento, selección, contratación y despido... pero yo siempre prefiero empezar por el despido.

¿Qué te gustaría que te despidieran?

Creo que este planteamiento es justo: desde la entrevista, en una fase más avanzada del proceso de selección, plantear ya esa pregunta y dejarlo todo muy claro, antes de cualquier admisión.

Todo el mundo merece ser feliz y esta es la premisa que también debería implicar, en este momento, la revisión de su proceso de despido: si el empleado no está satisfecho, tiene todo el derecho a solicitar su salida y a quedar plenamente satisfecho; del mismo modo, si el empresario no está satisfecho, tiene todo el derecho a llevar a cabo el despido, con calma y respeto mutuo... derechos y deberes.

Parece obvio, pero en la práctica se sabe que hay muchas excepciones.

Así que, una vez más, refuerzo la importancia de una asociación estratégica con el departamento de contabilidad (interno o externo a la organización); y, añado también, la relevancia del asesoramiento jurídico.

He aprendido que no importa el tamaño de la empresa o su excelencia en la gestión: ¡todos necesitarán, con mayor o menor frecuencia, inevitables consultas o representaciones de abogados!

Parece aburrido, pero en la práctica hay muchas ventajas que aprovechar (recuerda la Gestión de Riesgos).

A partir de esta semana 14, a medida que madure tu proceso de despido, no pierdas más tiempo decidiendo sobre la aplicación o no de advertencias disciplinarias o suspensiones, sobre acuerdos de despido, no discutas con tus socios, ni utilices a los managers para realizar formación interna sobre las normas fundamentales del **Código de Conducta** o de la CIPA ("Comisión Interna de Prevención de Accidentes"): trae a tu propio abogado para estos asuntos, en contacto directo... definitivamente es bueno que todo el mundo vea abogados cerca.

No suelo expresarme literalmente utilizando el verbo "delegar", pues creo que conlleva la falsa sensación de que no habrá trabajo que supervisar y validar; pero en este caso, sí, estamos reforzando el uso de dos importantes estructuras de apoyo recurrente a la dirección ejecutiva: la asesoría contable y la asesoría jurídica.

Tardé algunos años en entenderlo, pero confieso que hay una agradable sensación de ligereza, frente a las decenas de decisiones diarias de un CEO; aportando, en este sentido, mayor seguridad y foco en lo más prioritario.

Los directivos siempre despedirán a menos gente que los CEO, porque no hay forma de eludir una responsabilidad tan superior; pero tampoco habrá nunca orgullo ni placer en llevar a cabo despidos: siempre, siempre es desagradable.

Los despidos implican formalizar y archivar papeleo, cancelar diversas credenciales y accesos, programar un examen de despido, cancelar prestaciones, cancelar cuentas bancarias, entre otras acciones de despido.

Y aunque desagradable, tal actividad siempre será una muestra de tu experiencia acumulada en liderazgo... tal vez, formes cicatrices importantes.

Admisión

Valore el cuadro completo y tenga, cuanto antes, todos los mapeos de procesos publicados para: reclutamiento, selección y, finalmente, admisión.

Síguelos rigurosamente, mejorándolos; porque cuanto menos se valoren el reclutamiento y la selección, menos posibilidades de éxito tendrá la admisión.

Así pues, cuando llame la atención sobre el reclutamiento, piensa en cómo facilitar la fase de selección; y selecciona diseñando una admisión ágil: no te saltes pasos, pues son complementarios.

Pero tampoco te preocupes demasiado si, el día 2, el empleado que se presenta a trabajar es completamente distinto al contratado anteayer: pasa, me ha pasado y por eso ya hemos hablado de despido, antes.

Luego, tras la contratación, me gusta mucho que exista un proceso de integración del empleado recién contratado.

El nuevo empleado suele llegar "implicado" con los retos, ¡pero se desea que se "comprometa" de verdad!

Para lograr este equilibrio entre la familiarización inicial y la obtención de resultados, designe a un mentor que les presente lo antes posible la información que mejor refleje la cultura de la organización.

Continúo presentándoles libros, realizando cuestionarios y pasando después a evaluaciones continuas.

Evaluación

"Un hombre necesita viajar a lugares que no conoce para romper esa arrogancia que nos hace ver el mundo como lo imaginamos, y no simplemente como es o puede ser; que nos convierte en maestros y doctores de lo que no hemos visto, cuando deberíamos ser estudiantes, y simplemente ir y ver", decía el sabio al navegante Amyr Klink[2].

---

[2]https://es.wikipedia.org/wiki/Amyr_Klink

En el resumen de Milton Nascimento, *"todo artista tiene que ir donde están las personas "*.

Y, en la gestión por procesos, lo llaman, en japonés, ¡"Gemba[3]"!

Así, todos los responsables tienen que seguir físicamente el flujo del proceso; tienen que estar presentes donde se generan los productos del trabajo. Se trata de una **"dirección itinerante"**, en el que su mesa ya no es tan fija y puede sentarse en un lugar diferente de la empresa cada semana.

Créeme: ¡hace mucha diferencia!

Así que no intentes resolver tus problemas de capacidad, entregas, etc. sólo por lo que has oído, lo que te han dicho: ve allí... y ve con regularidad.

Quizás, al principio, "huélalo" y haga evaluaciones preliminares mediante pruebas en formularios enviados, fácilmente, por correo electrónico: "Evaluación del Conocimiento del Proceso", "Evaluación de la Capacidad del Proceso", "Evaluación Emocional", "Evaluación Organizacional", entre otras posibles evaluaciones.

¡"Gamifique"!

Gamificación es el término adaptado para referirse al uso de los principios, elementos de diseño y mecánicas de los juegos para hacer que algo, que no es un juego, resulte más atractivo; atraer a la gente.

Así, desarrollamos nuestra "Colaboración Monetaria", un caso práctico de aplicación del concepto propuesto originalmente por Jurgen Appelo[4], pionero en ofrecer juegos, herramientas y prácticas concretas para que las organizaciones creativas inicien una mejor gestión, con menos gestores.

De las directrices de nuestra Colaboración Monetaria:

• cada mes, se emite moneda por el "gobierno";

---

[3]https://es.wikipedia.org/wiki/Gemba
[4]https://jurgenappelo.com/

• cada colaborador recibe igual cantidad para distribuir;

• deben valorarse los comportamientos que promuevan el bien común;

• todos actúan de acuerdo con los objetivos de la Pessoa Jurídica;

• no hay competencia;

• a única regla es que no se realicen depósitos en beneficio propio;

• ocasionalmente, se comunica los saldos acumulados en las cuentas;

• en cualquier momento, el mercado de divisas de la empresa puede abrirse;

• la dirección arbitra el tipo de conversión de Fonte (F$) para Real (R$);

• el empleado opta por cambiar o esperar una mejor tasa de cambio.

Toda esa experiencia comenzó en octubre del 2013, cuando concedimos una primera entrevista, publicada en el sitio web de gestión "*Management 3.0*", bajo el título "*Merit Money: A crazy idea that works*[5]". Poco después, nuestra práctica se publicó en la primera edición del libro "*Management Workout*". Otras entrevistas tuvieron lugar (San Paulo y Canadá) hasta la retrospectiva, 3 años después de la idealización inicial, publicada en la revista InfoQ, de Portugal: "*3 Years of the Merit Money System, a Revolution on the Recognition Methods Proposed by Cláudio Pires*[6]". Y creo que nuestra práctica sigue siendo publicada hasta hoy, en las nuevas ediciones de la versión actualizada "*Managing for Happiness*".

Lo más genial, en la actualidad, es que ya no utilizamos un sistema de contabilidad manual para llevar a cabo este "juego": hemos migrado todo el "movimiento bancario" a una verdadera aplicación de gestión financiera online. Cada empleado controla su cuenta personal, realiza apuntes para otros empleados, obtiene créditos del

---

[5] https://management30.com/blog/getting-rid-of-the-problem-salary-negotiations/
[6] https://www.infoq.com/news/2017/03/three-years-merit-money-system/

Banco Central y evalúa el tipo de cambio para el canje de dinero real.

Interesante, ¿cierto?

Micro, Pequeña, Mediana, Grande u Online

Antes de contratar, planificar para evaluar y saber despedir: son procesos integrados, pero interpretados desordenadamente.

Si aún no sabes cómo evaluar a las personas, no las contrates. Si no te planteas despedirlas, no las contrates. Os ahorrará muchos dolores de cabeza para ambos.

Es probable que los microempresarios y los pequeños empresarios nunca se lo hayan planteado así. Las grandes empresas ya consideran a las personas como productos de una "tienda de cuerpos" (del inglés, *body shop*). Simplemente trato de hacer hincapié en el respeto tanto a la persona física como a la persona jurídica.

Con cada nuevo empleado en el equipo, aumentan las posibilidades de comunicación: matemáticamente, "n x (n-1) / 2"; donde n corresponde al número de personas.

Si son 5 personas, son (5 x 4) / 2 = 10 canales de comunicación.

Si son 35 personas, son (35 x 34) / 2 = ¡595 canales de comunicación!

Así pues, en un día normal de este ejemplo comparativo, las 5 personas juntas no tendrán ningún problema individual; pero en un grupo de 35 personas, siempre habrá algo nuevo en lo que trabajar, que resolver... y, sí, es agotador.

¿Quién era yo antes de este capítulo?

No me gusta el término "gestión de personas": me suena a manipulación (o intentos de manipulación).

Prefiero el uso de otra preposición: ¡"gestión con personas" (mucho más colaborativo); y aún mejor, **"gestión con gente"** (somos todos iguales y estamos "en el mismo barco")!

Dirigir un laboratorio médico especializado en patología oncológica me ha aportado profundos conocimientos: "el cáncer crece en las personas, no en los postes", "los enfermos de cáncer tienen prisa"; y con ello, hemos reforzado nuestro lema de "la ciencia al servicio de la salud" y añadido el fundamental "respeto a la vida".

Hemos establecido criterios obligatorios de comunicación "siempre amable y no violenta" y abolido cualquier tipo de prejuicio en la empresa: premisas muy firmes, detalladas en el Código de Conducta (incluidas las posibles sanciones).

Toda empresa debe ser un lugar seguro para trabajar y acoger a los miembros de sus familias.

El Proceso Mapeado

Los componentes para "Atraer talento", implican: procesos de selección, admisión y despido, procedimientos operativos para la selección, admisión y despido, formación de integración, guardar pruebas de la formación académica, guardar pruebas de la documentación de los empleados; entre otros.

Componentes para "Formar y retener talentos", involucran: comunicación del Organigrama, evaluaciones de la Base Organizacional, orientaciones de los Equipos de Trabajo, nombramiento del Grupo de Procesos, mantenimiento de la Biblioteca de Activos Organizacionales, directrices de los consejos de dirección, modelos de evaluación por competencias (rendimiento, emocional, organizativa, procesos, calidad), gestión visual de la productividad y los resultados, control de las horas extras, prestaciones Alimentación/Comidas, asistencia médica y dental, medición de la salud laboral, gimnasia en el lugar de trabajo, control de la vacunación, distribución de beneficios, entre otros.

Semana 15: Gestión de la Comunicación

" ¡Hola! somos tú y yo otra vez, como siempre: bebiendo vino, pasando el tiempo, intentando resolver los misterios de la vida. ¿Qué tal estás? Ha pasado tiempo... ¡Dios, qué bonito es verte sonreír! Te veo cogiendo las llaves, buscando una razón para no irte... Si no sabes si quedarte, si no dices lo que piensas, respira: no deberíamos estar en ningún otro sitio ahora mismo.... ¿Quieres que este momento sea memorable?" -- Bon Jovi , "(You Want To Make A) Memory"

Comunicación: ¡donde confluyen todos los problemas!

Probablemente, el mejor gerente de toda su carrera ni siquiera llamaba tanto la atención y siempre se movía con discreción en el día a día.

Sí, este conocimiento es sutil, pero al mismo tiempo también es muy amable y especial.

Un proceso optimizado en torno a sus comunicaciones siempre será un proceso sólido y muy valorado en cualquier empresa.

En la Semana 12, ya señalamos que existe cierta reutilización entre la gestión de la relación con el cliente financiero y la gestión de la comunicación institucional; que ahora abordaremos, en sus colaboraciones, externas e internas, para mejoras.

También se percibe una integración con la Semana 3 (Objetivos Estratégicos) y 7 (Gestión de Documentos) ...

Así, resumiendo los apartados que siguen, veremos por qué está planificación de la comunicación termina por envolver y unificar **personas, procesos** y **herramientas**.

El Universo de las Políticas Organizacionales

De la Política Organizacional General ya publicada (aquella que orienta una cultura empresarial ética y de respeto a los demás procesos organizacionales), derivaremos nuestra Política Organizacional de Comunicación Institucional.

Busca establecer directrices que orienten todas las acciones relativas a la divulgación de noticias, ejecución de actividades, solicitudes de apoyo, etc. Tratarlos como un "universo": de todo lo que existe físicamente, la totalidad del espacio y del tiempo y todas las formas de "materia", incluyendo todos los "planetas", "estrellas", "galaxias" y componentes de este "espacio intergaláctico"... ¡que es una empresa, jejeje!

Así, de los canales de comunicación, utilizados para compartir contenidos relevantes a otras partes interesadas, identificamos:

• la comunicación a través de Mensajes Instantáneos (separados por temas/"salas" de mayor relevancia, con el objetivo de un amplio debate interno),

• comunicación a través de los Tableros Sectoriales de Gestión Visual (que apoyan la visualización inmediata, la colaboración y el escalonamiento de los impedimentos),

• comunicación mediante Delegación de Actividades de Gestión (registro electrónico de los planes de acción acordados para su seguimiento),

• comunicación a través de Mensajes de Correo Electrónico (con adecuación de título, número de palabras, número de preguntas, legibilidad, positividad, cortesía, subjetividad),

• comunicación a través de Eventos de Agendas y Calendarios (con la ya presentada notificación para recordatorios a las partes interesadas sobre la correcta repetición de eventos),

• comunicación a través del Registro de Actas de Reunión y Listas de Presencia,

• comunicación a través de la Biblioteca de Activos Organizacionales,

• comunicación a través de Conferencias de Video y Voz (con condiciones para trabajo a distancia y soporte para grabación de reuniones y entrenamientos, considerando la participación en tiempo real o posterior).

¡Para que cualquiera de estos canales sea utilizado, es importante tener la pauta común de notificar siempre "conocimiento y compromiso", como señal de madurez, capacidad y respeto por una **comunicación siempre gentil y no violenta**!

Resolución de Conflictos

Para una comunicación ágil, considera la posibilidad de publicar el mencionado **Proceso de Escalonamiento de Cuestiones**, a través de la estructura jerárquica de la empresa.

De lo contrario, ¡cada uno actuará a su manera (y diferente)!

¿Cuándo debe un superior inmediato tener pleno conocimiento y comprensión de una incidencia que aún no ha sido resuelta por los responsables más inmediatos?

Siempre debe fomentarse la autogestión de los equipos para el buen funcionamiento de los servicios; pero en caso de conflicto no resuelto, éste debe escalarse a su respectiva instancia superior y activarse el tablón siempre que no sea posible su resolución por la dirección o el nivel jerárquico de similar antigüedad.

Deben existir plantillas de mensajes estandarizadas para alcanzar mejor los objetivos de las actividades del proceso, considerando el contenido, la estructura y el formato adecuados.

Adquiere siempre el hábito de formalizar también las actas de tus reuniones con socios externos, ya que estas ceremonias albergan gran cantidad de errores y molestias si no están debidamente documentadas.

Cualquier comunicación de incidentes a familiares, prensa u organismos oficiales debe hacerse a través de los socios gestores. Las situaciones de crisis también deben ser gestionadas por los socios gestores.

Así que, atención: ¡la mayoría de los errores son errores de comunicación!

Y los fallos de comunicación siempre son costosos.

La Automatización de Procesos de Negocio

Del portafolio de herramientas electrónicas, ya tratado en la semana 7, conviene darse cuenta de que a veces la ejecución de una actividad de proceso es una acción tediosa, compleja o susceptible de fallos humanos. Se aplica la jerga ¡"una empresa sin software es una empresa sin negocio"!

Yendo más allá, creo que **el proceso es el software** y que una empresa sin proceso se parece más a un hobby.

Por lo tanto, te animo a que te involucres de inmediato en el tema de la automatización de procesos empresariales (un probable próximo libro).

Un enfoque tradicional es proceder al mapeo estático de procesos para diseñar un sistema o aplicación, codificado en algún lenguaje de programación, para una solución personalizada deseada para la estrategia empresarial que se quiere resolver.

Pero ya está la disponibilidad de servicios "SaaS[1]" (del inglés, "*Software As A Service*") en la web, comercialmente accesibles, para configuraciones directas (sin necesidad de codificación del sistema) y llegando a un mayor número de usuarios con intereses comunes.

Como ejemplos, sugiero evaluar: Pipefy[2], Lecom[3], Camunda[4] y Bitrix24[5].

Brevemente, "Como Queríamos Demostrar": **personas + procesos + herramientas = comunicación.**

Micro, Pequeña, Mediana, Grande u Online

Mensajes de correo electrónico, mensajes de Chat corporativo, contactos telefónicos, reuniones, planificación semanal, planificación diaria, priorización de asuntos complejos, incidencias, resolución de impedimentos al rendimiento, peticiones de clientes, prospección de clientes, gestión empresarial, estrategia, flujo de trabajo ágil.

Aff!

Y hay más...

Desayuno para empleados, cocina sucia, fregadero sucio, suelo sucio, papelera desbordada, dispensador de agua goteando, café derramado, inicio tardío, regreso tardío del almuerzo, ausencias justificadas, ausencias injustificadas, uso inadecuado de teléfonos móviles, uso inadecuado de herramientas electrónicas, impresora rota, palabras inadecuadas, falta de atención, repetición de errores, entregas con retraso.

---

[1]https://es.wikipedia.org/wiki/Software_como_servicio
[2]https://www.pipefy.com/pt-br/
[3]https://www.lecom.com.br/
[4]https://camunda.com/
[5]https://br24.io/

Ni siquiera he intentado ser tan completo en los ejemplos anteriores: ¡hablaremos más sobre este "agotamiento empresarial" en la Semana 19!

Por ahora, entiende que, desgraciadamente, todo esto también forma parte de la comunicación y que así es como muchas empresas "se hinchan" de tamaño, innecesariamente.

Nuestra comunicación institucional se acerca a una necesaria y hábil gestión del tiempo[6], ¡por supervivencia!

¿Quién era yo antes de este capítulo?

En primer lugar, acostumbra a la gente a valorar los correos electrónicos entrantes (y a escribirlos con profesionalidad).

A continuación, insiste en la necesidad de llevar un registro de sus agendas y recordatorios (con respecto a las entregas a tiempo).

Estructura un amplio "chat" corporativo (por ejemplo: Google Chat[7], Twist[8] o Slack[9]).

A partir de ahí, equilibra y disciplina toda la comunicación verbal con todo el soporte electrónico.

Extiende este "estilo" a tus clientes, socios y proveedores (así como a los empleados internos).

Haz uso de todo ello en el seno de tu propia Junta de Socios (a veces una enorme e infundada resistencia).

Siempre apoyado en Políticas Organizacionales y sus macroprocesos asociados.

---

[6]https://es.wikipedia.org/wiki/Gesti%C3%B3n_del_tiempo
[7]https://chat.google.com/
[8]https://twist.com/pt-BR/
[9]https://slack.com/intl/pt-br/

Y, con los procesos de negocio definidos y gestionados, aunque sea manualmente, introduces la etapa superior de la automatización.

Es sencillo de comunicar, ¿no?

¿No? ;-)

En fin, ¡nunca pierdas la elegancia, jejeje!

El Proceso Mapeado

[diariamente] Responder e orientar los nuevos mensajes de correo electrónico.

[correos electrónicos ok] Responder y orientar los nuevos mensajes del chat corporativo.

[chat ok] Responder y orientar los nuevos mensajes del WhatsApp corporativo.

[whatsapp ok] Orientar los asuntos complejos en contacto telefónico o reunión.

[contacto telefónico ok] Formalizar las respuestas dadas a los asuntos complejos.

[acta de reunión ok] Supervisar los impedimentos para el pleno desempeño de los equipos.

[impedimentos ok] Priorizar las solicitudes de los clientes para un servicio rápido.

[relación ok] Favorecer la gestión visual y el flujo de trabajo ágil.

Semana 16: Gestión del Mantenimiento

" *Fallo del sistema, alguien me ha desconfigurado. ¿Dónde están mis ojos de robot? No lo sabía, no me había dado cuenta: siempre pensé que estaba vivo. Tornillo y fluido en lugar de articulación, incluso creía que aquí latía un corazón. Nada es orgánico, todo está programado y yo pensaba que me había liberado. Pero aquí vienen de nuevo, sé lo que van a hacer: reinstalar el sistema.*" -- Pitty, "Admirable Nuevo Chip"

Además de la clara valorización de los recursos humanos, debemos concluir nuestro mes de Gestión Administrativa con el pleno cuidado de los **recursos materiales**: equipos, instalaciones y el propio edificio.

Estas cuestiones también guardan cierta relación con las Semanas 11 y 13, de Contabilidad Ejecutiva y Gestión de la Regularidad, respectivamente: afectan a la Declaración de Resultados (incluidas las amortizaciones) y requieren certificaciones, atestados y calibraciones metrológicas específicas.

¡Por no hablar de los seguros, como riesgos arrastrados de la Semana 1 (por favor, ¡no olvidar de los seguros)!

Todo muy integrado, ¿no?

En cuanto al **mantenimiento**, comprende las acciones de sostener o mantener la condición de funcionamiento esperada, previniendo fallos y evitando pérdidas.

De los tipos de mantenimiento, centrarse principalmente en el mantenimiento **preventivo** (antes de que se estropee) o aceptar las prisas del siempre más caro mantenimiento **correctivo** (averías y defectos de emergencia).

Todo liderazgo debe caminar por la "**línea de producción**".

Mantenimiento de los Equipos

"Quien tiene 1, no tiene ninguno"; quien tiene 2, tiene 1.

Esta es la máxima de la atención a las **contingencias** necesarias; y así orientaremos, aquí, nuestras pautas para equipos, insumos y proveedores.

En otras palabras, ¡tu costo inicial de operaciones ya es mucho más caro!

Por eso, antes de consolidar cualquier adquisición, favorece la cualificación de tus proveedores: nunca compres a cualquiera, a cualquier precio, plazo y calidad.

Y no es de extrañar que la gestión de esta semana se haya situado justo después de nuestro repaso a la Gestión de la Comunicación, porque este tipo de relaciones, de alianzas estratégicas, requieren mucha conversación y mucha negociación ejecutiva: es un trabajo de liderazgo de alto nivel, sobre todo de atención al mantenimiento.

Evalúa, por ejemplo:

• la extensión del catálogo de productos,

• la facilidad de la comunicación,

• el plazo de entrega,

• la cantidad disponible en stock,

• la vida útil de estas existencias,

• la variación de los precios,

• las condiciones de pago y

• los eventuales registros y licencias de suministro.

Tras la cualificación, supervisar la programación de visitas técnicas y desarrollar proveedores a su satisfacción: ¡es una colaboración!

Estas acciones no harán sino enriquecer tu **lista de activos**, con los principales ítems que componen tus activos físicos: equipo, fabricante, modelo, calibración (recordatorio de la próxima calibración), preventivo (recordatorio del próximo preventivo), planificación de contingencias.

De forma similar a las actas de reunión mencionadas anteriormente, registra tus **informes de mantenimiento**, correctivo o preventivo, con gran atención y disciplina: el consejo es mantener las plantillas de los formularios siempre a mano, para una cumplimentación más ágil (o avanzar hacia una automatización de este proceso, en adherencia garantizada).

A partir de la Gestión de Decisiones, ejemplificada en la Semana 3, considera lo que importa más allá de la adquisición y el pago, en la **cualificación de la instalación** (garantizar la idoneidad del equipo y su lugar de instalación) y la **cualificación de la operación** (comprobar el correcto funcionamiento del equipo instalado).

Mantenimiento de las instalaciones

"A cada forma le corresponde una función".

Esto lo aprendí cuando trabajé como gerente de proyectos en una oficina de diseño...

Y, en un sentido amplio, lo deseable es que toda tu planta física tenga una relación directa con la estructura funcional de tu Cadena de Valor ("macroproceso número 1").

Es un claro signo de madurez y de ganancia de capacidades cuando la **señalización de los ambientes** engrana con el natural **flujo del trabajo**.

Para mí, este mapeo cuidadoso y ejecutivo de la **estructura física funcional** ya facilita varias preocupaciones menos para una obligatoria CIPA[1] ("Comisión Interna de Prevención de Accidentes"): cada año, siempre buscó asignar más responsabilidades a dichos integrantes; en derechos y deberes.

Así que no lo olviden:

• de la calidad del aire,

• de la calidad del agua,

• de la accesibilidad de los ascensores,

• del control de las plagas,

• de los riesgos laborales,

• de la higienización de los ambientes,

• de la seguridad con los residuos y subproductos.

Los aparatos de aire acondicionado, los filtros de agua, las zonas de escape, las pruebas de control de plagas, los extintores, los horarios de limpieza, la recogida de residuos son algunos de los elementos que fácilmente se pasan por alto en el cuidado y la organización de una empresa.

Junto con estos ejemplos con el mapeo, puedes reutilizar la infografía visual para crear varios **Mapas de Localización**, identificando y posicionando ítems críticos a lo largo de toda la planta:

• de los Extintores;

• de las Áreas de Riesgos (químicos, biológicos, ergonómicos o de accidente);

• de los Cestos de Basura;

• de las impresoras

etc.

---

[1]https://pt.wikipedia.org/wiki/Comiss%C3%A3o_Interna_de_Preven%C3%A7%C3%A3o_de_Acidentes

Y, para controlar la eficacia de tu comisión interna, mantén la auditoría periódica de comisiones externas para la validación de tu PCMSO, "Programa de Control Médico de la Salud Ocupacional" y PPRA, "Programa de Prevención de Riesgos Ambientales" (renombrado PGR, "Programa de Gestión de Riesgos").

Implique a la Dirección de Calidad en el tratamiento de las no conformidades señaladas y, sí, fuerce la deseada gestión integrada de las mejoras.

Si es posible, extienda también su cultura de seguridad a la de los clientes finales: ¡tu mayor ganancia y éxito!

Guarda un archivo tanto de las **plantas de las instalaciones**, como de las **fotos de las instalaciones**.

"Cuando nos gusta, está claro que lo cuidamos".

Micro, Pequeña, Mediana, Grande u Online

Al comparar diferentes tamaños y estructuras de empresa, queremos poner de relieve sus respectivas complejidades en relación con el tema estudiado: a veces crecientes; a veces no tan diferentes.

Lo más importante es subrayar que nunca habrá lugar para el amateurismo en ninguna situación empresarial: no se debe repetir en un entorno profesional lo que sólo se aceptaría en la individualidad del espacio doméstico.

Es curioso darse cuenta de lo negligentes que somos con el mantenimiento, ¡tanto en casa como en el trabajo!

Se malgasta mucho dinero en cuidados preventivos que no se llevan a cabo y se transforman en asistencia técnica de urgencia; y, por tanto, más cara.

Es muy común que en las organizaciones y en los hogares no exista una lista de equipos, proveedores, imprevistos, riesgos y recordatorios: todo ocurre sólo en el momento de la urgencia.

En otras palabras, es reactivo, imprevisible y mal controlado.

Entiende los ejemplos más simples: sí, tu impresora se romperá, tu internet fallará, tu ordenador necesitará ser formateado, el ascensor se parará, la electricidad se irá... ¿y qué harás, antes y después?

¡Vale la pena reflexionar sobre una nueva postura y actuación!

¿Quién era yo antes de este capítulo?

Al llegar a la Semana 16, ¡inevitablemente ya acumulas varias "gorras"!

Por ello, he dividido mis semanas de trabajo en:

• lunes: Finanzas;

• martes: Estrategia;

• miércoles: Calidad;

• jueves: **Estructura**;

• viernes: Innovación.

¡Observa que el tema de este capítulo siempre sigue los jueves!

Créeme: todas las semanas hay que cuidar la estructura, ya sea física o funcional; para que los equipos no pierdan productividad ni comodidad, en **impedimentos** no resueltos con prontitud.

Y así ha sido, durante años, en un grato equilibrio; hasta te aburres con tantos feriados que se interponen en tu planificación habitual (risas)

De la frase popular, "¡sólo tropezamos con piedras pequeñas, porque las grandes las vemos de lejos!

El Proceso Mapeado

[equipo a adquirir] Convocar a la sesión de la Gestión de Decisión.

[ítem adquirido] Actualizar la lista de activos del plan de mantenimiento.

[plan actualizado] Actualizar la lista de riesgos y contingencias.

[plan actualizado] Actualizar la lista de comprobación semestral de mantenimiento preventivo.

[plan actualizado] Garantizar la capacitación para completar la lista de comprobación.

[entrenamientos actualizados] Cualificar la instalación y la operación del equipo.

[ítems en operación] Ejecutar los recordatorios de mantenimiento preventivo y calibración.

[ítems dañados] Registrar los eventos de mantenimiento correctivo.

[control de mantenimiento] Conservar evidencias de los mantenimientos y calibraciones.

MES 5 "GESTIÓN INTEGRADA"

- Semana 17: Mejora Continua
- Semana 18: Plan de Entrenamiento
- Semana 19: Expansión de Negocios
- Semana 20: Gestión de la Innovación

Empezamos el último mes de nuestro viaje de 100 días, ¡con la mirada puesta en vuelos más grandes!

Con las operaciones estructuradas, ya hay más espacio para la creatividad y para pensar en nuevos retos: una verdadera preparación para una nueva etapa, un nuevo salto de madurez y capacidad, un puente hacia lo que vendrá después de estos 100 días.

De las semanas anteriores, ya hemos captado el sentido de la gestión integrada.

La gestión integrada consiste, pues, en organizar e integrar todas las operaciones de tu empresa, con procesos que funcionen correctamente y con plena comunicación entre las actividades. Se trata de garantizar la ejecución práctica, según el modelo, en plena sinergia con toda la empresa.

Suena sencillo, pero resumir un concepto así me llevó años. Antes de eso, experimenté con una colección de mapas mentales, impresos en enormes hojas de *"flip chart"*, construí y destruí varias versiones de la Biblioteca de Activos Organizacionales, reordenando directorios, subdirectorios y archivos.

Hoy, todo me parece más naturalmente conectado: cada área de conocimiento es un repositorio; cada repositorio tiene sus procesos nombrados por directorios; cada directorio/proceso es "atómico", "indivisible", porque todos sus respectivos archivos residen en él en asociación directa: una gestión del conocimiento fluida, en plena sintonía con la dirección ejecutiva, alineada por el CEO; siempre "como queríamos demostrar".

Espero que este tramo final, del mes 5, te traiga un resultado agradable y mucha serenidad para "ponerte manos a la obra": ya estamos aterrizando... ¡pronto, un nuevo vuelo!

Semana 17: Mejora Continua

" *Nadie dijo que sería fácil; es una pena que nos hayamos separado. Nadie dijo que sería fácil, pero tampoco que sería tan difícil. Oh, llévame de vuelta al principio.*" -- Coldplay, "The Scientist"

Desde un punto de vista ejecutivo, es gratificante orientar a toda la empresa de modo que cada asunto esté siempre vinculado a algún **plan de acción**: nada puede ser insatisfactorio sin que al menos haya alguna mejora en marcha... ¡todo continuamente!

Este hecho, en sí mismo, ya es un reto, y nos llevó, en este libro, 100 días estructurar tal razonamiento; la difusión de esta cultura, por parte de todos, aún llevará años y provocará mucho movimiento en todos los sentidos: el trabajo de liderazgo requiere mucho equilibrio.

En mi ejemplo, se necesitaron exactamente 4 años: desde el primer día de la nueva dirección hasta la obtención de la primera certificación de auditoría externa con un nivel de excelencia demostrado.

En 100 días es posible reorganizar la organización existente, partiendo de ideas claras y objetivos definidos; pero nuestra cultura sólo se ha consolidado en 4 años: en torno a este hito, todo se vuelve "más fácil" (nunca será fácil), en una sucesión de resultados satisfactorios.

¡La empresa empieza a funcionar **de manera previsible, proactiva y bien controlada**!

Calidad Garantizada

He aquí, pues, ¡mi receta para el éxito de cualquier **auditoría externa**!

He trabajado en diferentes industrias (alimentaria, farmacéutica, informática, sanitaria) y estoy seguro de que existe una conceptualización común de lo que se espera en la validación de resultados... a continuación.

- Modelar el negocio.
- Planificar la estrategia.
- Identificar los procesos.
- Publicar los procesos.
- Ejecutar los procesos.
- Entrenar los procesos.
- Supervisar los resultados.
- Seguimiento de las no conformidades.
- Formar a nuevos auditores internos.
- Debatir las Lecciones Aprendidas.

En resumen: ¡empieza por el debate ejecutivo de alto nivel, pasa a una gestión objetiva orientada a los procesos, supervisa siempre cualquier ejecución y mantén a tus líderes mejorando y renovándose!

¡El ambiente de trabajo se vuelve más encantador y la calidad se vive de verdad!

Ciclos de Mejora

Planifique-Ejecute-Verifique-Ajuste (del inglés, *"Plan-Do-Check-Act"*).

Un "buen problema" es que, habiendo llegado hasta aquí, ¡probablemente no sabrás dónde más centrar tanta planificación de acciones!

Los planes de acción parecerán brotar con más facilidad que los correos electrónicos.... (risas)

Y entonces algún auditor menos visionario y más tradicional podría preguntarte por tu control de seguimiento: una situación ciertamente peculiar.

Una obvia solución informática son los sistemas de seguimiento de incidencias (*"issue tracking systems*[1]*"*), transformando cada no conformidad en un "ticket" de soporte que hay que resolver.

El problema es que no todos los sectores tienen a sus empleados delante de una computadora todo el tiempo y no todos los sectores (servicios o proyectos) requieren la misma agilidad en sus solucione: esa conciliación puede no ser tan obvia. Incluso puede que te pidan crear un sector de *"help desk*[2]*"* sólo para esto; no tiene sentido: concentrarse ya es una limitación en sí misma.

De momento, respeto que cada ceremonia (Semana 5) tenga y se ocupe de sus propios planes de acción, a favor de sus procesos; y algunas ceremonias acaban destacando más en su grado de colaboración.

"**Ciclos de mejora**" funcionan, entonces, para mí, como un documento que acaba de mapear todas esas ceremonias que generan tantos y tantos planes de acción de mejora continua, con el objetivo de que sus respectivos procesos sean siempre más ágiles, claros y objetivos, pero dentro de su frecuencia natural.

---

[1]https://es.wikipedia.org/wiki/Sistema_de_seguimiento_de_incidentes
[2]https://es.wikipedia.org/wiki/Mesa_de_ayuda

Micro, Pequeña, Mediana, Grande u Online

"**Un Proceso** para que todos gobiernen, **Un Proceso** para encontrarlos, **Un Proceso** para que todos traigan..."

Parafraseando pasajes de la obra de J. R. R. Tolkien[3], en "El Señor de los Anillos", creo haber encontrado "en anillo maestro", "el anillo de Sauron", "el anillo del poder", "el Único Anillo", "Mi Precioso": el **Proceso para la Definición de Procesos**.

¡Como ya se anticipó en la Semana 6!

Disponiendo de este **meta proceso**, descripto textualmente al final del capítulo, tenemos el mapeo necesario para definir cualquier nuevo proceso o revisar y optimizar otros existentes, logrando una bella abstracción reutilizable, a partir de un proceso genérico que instanciará todos los demás procesos reales.

En otras palabras, toda empresa (micro, pequeña, mediana, grande u online) podría nacer ya "orientada a procesos", desde el "día 1", incluso sin tener, todavía, ningún proceso previamente mapeado o bajo gestión formal...

Porque la Gestión Por Procesos se diferencia por repensar su gestión a través de procesos, ¡reorientando su nueva actuación gerencial!

Y, si la intención es verdadera, ya existirá un primer proceso formal, al minuto siguiente de esa decisión.

¿Quién era yo antes de este capítulo?

A continuación, mi agradable rutina matutina, que practico varias veces por semana...

---

[3]https://es.wikipedia.org/wiki/J._R._R._Tolkien

• Despertar, desayunar y leer las noticias del día.

• A veces ya hay un asunto urgente esperando.

• Pasar a leer todos los correos electrónicos no respondidos.

• Garantizar la lectura y la orientación de todos los mensajes del Chat corporativo.

(y ahora, lo mejor...)

• ¡Observar, silenciosamente, los nuevos mensajes "apareciendo" en los canales de comunicación del Chat corporativo!

¿Qué quiere decir esto?

Cuando todo parece estar "leído", "controlado" y "en cero", sin ninguna notificación esperando, ¡es agradable ver la empresa viva, en movimiento, con nuevos mensajes, tareas y archivos siendo rellenados, dinámicamente, por diferentes empleados, sobre diferentes temas!

Al principio pensaba: ¿pero acabo de leerlo todo y ya hay más por leer?

Con el tiempo me di cuenta de la belleza de todo este mecanismo creado: ¡la empresa funcionando, verdaderamente, **orientada por procesos** y basada en el liderazgo activo de la comunicación!

En los eventos de auditoría externa, cuando piden pruebas de la implantación de una **cultura de mejora continua**, simplemente comparto la pantalla principal, para que todos podamos ver esta "danza de los planes de acción": ¡porque cada día es una nueva música!

El Proceso Mapeado

[evento, incidente o problema] Identificar el área de conocimiento asociada.

[área de conocimiento] Identificar el proceso de negocio asociado.

[proceso de negocio] Registrar el evento, incidente o problema.

[registro da mejora] Aprobar al registro del evento, incidente o problema.

[aprobación de la mejora] Asignar colaboradores al evento, incidente o problema.

[responsable de la mejora] Desarrollar el evento, incidente o problema.

[ejecución de la mejora] Revisar el impacto sobre el proceso de negocio mapeado.

[proceso actualizado] Comunicar la nueva versión del proceso.

[proceso comunicado] Aprobar la nueva versión del proceso.

[proceso publicado] Ejecutar el "Proceso para el Plan de Entrenamiento".

[plan de entrenamiento] Actualizar la situación del evento, incidente o problema.

[control de la mejora] Supervisar la nueva aparición del evento, incidente o problema.

[supervisión de la mejora] Mantener la mejora continua.

Semana 18: Plan de Entrenamiento

"Nueva York, jungla de cemento donde se fabrican los sueños. No hay nada que no puedas hacer: ahora, estás en Nueva York. Estas calles te harán sentir nuevo, las grandes luces te inspirarán. Escucha esto para Nueva York." -- Alicia Keys, "Empire State of Mind (Part II)"

Por lo que ya hemos dicho sobre las evaluaciones de calidad, ya sean auditorías internas o externas, en todas ellas simplemente buscamos evidenciar:

• que cualquier trabajo ejecutado se base en un proceso,

• que cualquier empleado esté entrenado en los procesos en los que actúa,

• que exista una formación académica comprobada para el área de conocimiento y actividad correspondiente.

El empleado hace entonces lo que debe hacer y no lo que prefiere o elige hacer: funciona como una característica de madurez, como un certificado real de competencia y compromiso.

El contenido aquí, de este capítulo, es el hecho de que muchos no saben qué resultados deben ofrecer; ¡y muchos tampoco saben qué resultados deben exigir!

Estrategia de Entrenamiento

Si bien la evidencia de un diploma acreditativo de lo que figura en el currículo tiene su valor, es mucho más valioso ejecutar plenamente "bien a la primera".

Saber hacer y dominar una habilidad se traduce en mucha seguridad: este libro, por ejemplo, no expide un certificado.

Recuérdales que los ejercicios de la vida real siempre serán más desafiantes y complejos que los ejercicios didácticos del aula, que ya están preparados para funcionar.

Opta, pues, por vivir tu empresa, por "sumergirte" en sus problemas, por saber observar los respectivos conceptos y prácticas en una visión integrada, en "lo mejor de los dos mundos": un buen ingeniero se sienta frente a la computadora con maestría; pero también pasa a discutir simulaciones y cálculos con los técnicos que manejan las máquinas de producción.

Así pues, hay que darse cuenta de que siempre habrá un gusto por el entrenamiento externo, fuera de los límites de la organización, ¡pero hay que valorar las sesiones de entrenamiento derivadas de los planes de acción!

Así pues, empiece por el sabroso "frijoles y arroz": todos los actores, implicados en la ejecución de sus procesos de negocio, deben tener tanto una comprensión completa de las actividades a realizar y entregar, como la percepción del impacto de los resultados de estas actividades en otros roles y ceremonias.

De hecho, los mapeos de procesos son ya los primeros materiales de entrenamiento: se trata del "primer paquete", fundamental y continuo.

Sólo entonces, haz evolucionar tu plan para responder también a las evoluciones trazadas por los objetivos de la gestión estratégica actual o para suplir cualquier competencia aún deficitaria, percibida en tu base organizativa de empleados.

Entrenar para Delegar

Por último, la formación de líderes será el "suprasumo", el grado más alto del entrenamiento corporativo.

Es importante que este programa se construya como una invitación a todos, que se identifique a los más interesados y dedicados y que haya un equilibrio en la distribución del tiempo de los entrenamientos, para una amplia participación.

Sabemos que el costo de no entrenar siempre será más alto que el costo de entrenar....

Desde nuestra "Semana 4", ya venimos trabajando en este tema. Y ahora es el momento de "soltar algunas riendas" y ejercer un control menos centralizado en el CEO.

El CEO debe prepararse para la próxima "Semana 19", de expansión del negocio, en nuevos horizontes executivos.

A la hora de delegar, algunas evaluaciones informales me llaman la atención sobre lo que se está asumiendo correctamente como responsabilidad:

• la cantidad de correos electrónicos devueltos por la mañana;

• la capacidad de organizar y supervisar los asuntos hasta su resolución;

• la cantidad de errores internos recurrentes;

• el control emocional durante las comunicaciones imprevistas;

• la rapidez para pensar sobre las contingencias y esquemas de respuesta a los problemas;

• la participación y el estudio para las nuevas iniciativas superpuestas a la rutina habitual.

¡Ahí, en esas cuestiones, estará tu próximo "*champion*"!

Micro, Pequeña, Mediana, Grande u Online

Al ser preguntado sobre lo que haría el día de su aniversario de 88 años, el actor y director Clint Eastwood[1] respondió que comenzaría a grabar una nueva película. En la próxima pregunta, sobre el origen de su motivación, Clint respondió que todas las mañanas, cuando se levantaba, simplemente "no dejaba al viejo entrar": "si dejamos de vivir mirando hacia adelante, no te queda más remedio que mirar hacia atrás; y eso es envejecer".

El secreto está en estudiar, aprender, evolucionar y adaptar tus nuevas versiones: ¡de la persona física y jurídica, personal y profesional!

• ¿Cuál es tu objetivo en la vida?

• ¿Cuál es tu objetivo en 5 años, que te aproxima a ese objetivo de vida?

• ¿Cuál es tu objetivo en 1 año, que te aproxima a ese objetivo a 5 años?

• ¿Cuál es tu objetivo a 3 meses, que te aproxima a ese objetivo a 1 año?

• ¿Cuál es tu objetivo de este mes, que te aproxima a ese objetivo a 3 meses?

• ¿Cuál es tu objetivo de esta semana, que te aproxima a ese objetivo de este mes?

• ¡Ahora ya sabes lo que tienes que hacer **hoy**!

Y que seamos capaces de traducir este estudio continuo en práctica habitual y esta práctica en reconocimiento agradable y remuneración justificada.

---

[1] https://es.wikipedia.org/wiki/Clint_Eastwood

Los empleados esperan toda la semana el viernes y todo el año el verano; y acabarán esperando toda la vida la felicidad.

¿Quién era yo antes de este capítulo?

Por muy simplificada que sea su versión del **Proceso del Plan de Entrenamiento** (presentada al final de este capítulo), busca cuanto antes el apoyo de alguna herramienta electrónica, de sistematización o de automatización: parece inofensivo, pero el esfuerzo para mantener todo en orden, trazable y coherente es inmenso... ¡en una empresa que aprende!

Las preguntas básicas, sólo ejemplificadas a continuación, deben responderse con prontitud y precisión.

• ¿Cuántos entrenamientos ese empleado ya realizó en el año?

• ¿Qué empleados fueron entrenados en este curso de capacitación?

• ¿Cuál es la agenda del próximo curso de capacitación?

• ¿Qué entrenamientos se llevaron a cabo el mes pasado?

• ¿Cuál es el presupuesto mensual asignado al entrenamiento?

• ¿Cómo se evalúa la eficacia de cada entrenamiento?

• ¿Qué entrenamientos se imparten a los empleados recién contratados?

¡Emitir los certificados de capacitación resulta ser el paso más fácil!

Empecé pegando un gran cartel, en un formato bonito y colorido, con el mapeo de las actividades previstas, detrás de la puerta de la Sala de Entrenamiento principal: al salir, todo el mundo debía confirmar su adhesión al proceso.

Bien, tal como el Principio de Pareto[2], funcionó sólo al 80%. (risas)

---

[2]https://es.wikipedia.org/wiki/Principio_de_Pareto

Y, con los años, esa disciplina fue disminuyendo cada vez más...

De ahí la necesidad de un proceso automatizado, con garantías de victoria, que permita controlar todos los avances previstos.

Al final y en la práctica, sólo recibe el certificado quien:

• firmó la lista de asistencia,

• completó la evaluación de entrenamiento y

• ¡ha demostrado la correcta aplicación de los conocimientos obtenidos!

El Proceso Mapeado

[entrenamiento solicitado] Alinear los objetivos estratégicos y el plan de entrenamiento.

[adhesión al entrenamiento] Preparar u obtener material de capacitación.

[contenido a entrenar] Agendar el entrenamiento e invitar a los interesados.

[entrenamiento comunicado] Completar la lista de asistencia.

[entrenamiento registrado] Completar la evaluación del entrenamiento (participante).

[entrenamiento evaluado] Completar la evaluación de la eficacia (instructor).

[entrenamiento evaluado] Archivar las pruebas del entrenamiento.

[entrenamiento versionado] Emitir el certificado de entrenamiento, si procede.

[empleado entrenado] Definir planes de acción para la práctica del entrenamiento.

[conocimiento gestionado] Solicitar nuevos entrenamientos.

Semana 19: Expansión de Negocios

" *Esta noche eres mío, por completo. Entregas tu amor tan dulce. Esta noche la luz del amor está en tus ojos. Pero, ¿me amarás mañana? ¿Es éste un tesoro duradero o sólo un momento de placer? ¿Puedo creer en la magia de tus suspiros? ¿Me amarás mañana?"* -- The Shirelles , "Will You Love Me Tomorrow?"

Que la anterior Semana 18, centrada en el entrenamiento y delegar, nos haya proporcionado un agradable alivio y nos permita reflexionar un poco sobre los retos de la nueva semana.

Creo en la máxima "no pongas todos los huevos en la misma canasta"; ¡así que el crecimiento del negocio está directamente relacionado con el espíritu emprendedor!

Pero, habiendo llegado hasta aquí, ¡¿qué podría salir mal?!

Al fin y al cabo, hemos aprendido mucho en estos meses, ¿verdad?

Perspectiva Emprendedora

¡Desde la semana 1, recuerda que los riesgos no son sólo amenazas, sino también oportunidades!

Las oportunidades son riesgos que hay que explorar (en lugar de amenazas que hay que mitigar).

Y ese aprovechamiento implica pasos constantes y conscientes: ¡buscar, reconocer y actuar!

Ésa es la perspectiva emprendedora en la que hay que construir esta semana:

- buscar las oportunidades,

- reconocer las oportunidades y

- aprovechar las oportunidades.

¡Todos los días!

Un ejemplo para reflexionar: ¿qué subproductos genera tu Cadena de Valor?

Es un hecho que siempre hay subproductos en cualquier empresa; el problema es que muchas no ven valor en desarrollar o vender dichos subproductos. Sí, estamos hablando de dinero, de sacar provecho de los productos secundarios desarrollados a lo largo del camino primario.

En mi propia práctica, tengo una serie de asuntos críticos, como: gestión de existencias, compras comerciales, mantenimiento de instalaciones, Recursos Humanos, gestión de documentos... todos ellos con especificidades para mi sector en la salud, alternando requisitos más sencillos o más complejos. Entonces, ¿por qué no automatizarlos o sistematizarlos? Si es así, ¿por qué no convertirlos en soluciones escalables para obtener beneficios gracias al interés de otras empresas del mismo sector?

Ni siquiera estamos hablando de la obvia creación de filiales, partiendo de una matriz ya gestionada profesionalmente, con activos bien construidos listos para su reutilización y una cultura consolidada de medición de resultados y guiada por indicadores de rendimiento: ¡ese es el grato valor de nuestra trayectoria, aquí representado por la gestión integrada!

Acostúmbrate a dibujar mapas mentales[1] (del inglés, "*mindmaps*") como herramienta para traducir ideas complejas; evolucionando gradualmente cada "nodo" de un marco analítico más amplio (desglosando las entregas y el trabajo en componentes más pequeños y fáciles de gestionar) para los nuevos proyectos.

---

[1]https://es.wikipedia.org/wiki/Mapa_mental

Los empleados siempre podrán percibirse a sí mismos como un Sector << un Centro de Costo << un Equipo << una Unidad de Negocio << una Empresa.

¡Elige tu destino!

Agotamiento Emprendedor

¡Hasta el infinito y más allá!

Bueno, no siempre...

Está demostrado que se puede hacer mucho en 100 días.

¡Quizá más de lo que muchos pueden hacer en 10 años!

Pero el ritmo es muy exigente y, obviamente, cansa.

1 día, 1 semana, 1 mes, 1 año es muy fácil; cada día, años y años, es muy diferente.

Así que no subestimes tu cansancio; realmente cansa.

Cuida tanto tu **energía física y emocional**, como tu **salud personal y profesional**.

Un claro sentido de la dirección y la pasión por realizarse son valiosos motores, pero cuidado con el estrés, el agotamiento, las noches sin dormir, la tensión arterial, etc.

Todo el mundo merece ser feliz, y el mundo ya está lleno de empresas que buscan más y más beneficios.

Y no sólo beneficios: los emprendedores cansados acaban, innecesariamente o por adelantado, creando conflictos familiares o corporativos, vendiendo sus empresas por valores ridículamente bajos... a veces incluso cerrando sus puertas.

Liderazgo Emprendedor

¿Cómo cambiar el mundo?

"Los que dicen que no se puede hacer no deberían interrumpir a los que están haciendo lo imposible", dice un proverbio chino.

Con tu mentalidad emprendedora y de expansión de negocio, ¡aporta nuevas ideas al mundo y nuevos cambios positivos! Creando valor para los demás, crearás valor para ti mismo.

Simplemente hazlo; porque te criticarán de todas formas...

Como ejecutivo, sé un **solucionador de problemas**, no el creador.

La competencia forma parte del proceso, los esfuerzos honestos traen recompensas y un CEO con habilidades políticas, estrategias creativas y capacidad para reagruparse, reorganizarse y ofrecer resultados siempre tendrá éxito y prevalecerá, en cualquier situación, con un buen equipo y una buena empresa.

Al fin y al cabo, no sólo estamos diseñando procesos y servicios, sino que estamos definiendo toda una nueva cultura organizativa: con confianza, calma y entusiasmo.

Siéntate en el asiento del público y disfruta de la visión del sistema.

No te dejes llevar por el protagonismo escénico. ¿Quién no ha asistido a molestas conferencias en las que las diapositivas no explicaban más que el éxito del orador?

Aprovecha tu posición de liderazgo y tu reputación, forma parte de algo grande y no vuelvas a aceptar menos.

Micro, Pequeña, Mediana, Grande u Online

Reflexiona sobre la cantidad diaria de decisiones que tomas: una cifra claramente relevante.

Luego multiplícala por 22 días laborables en el mes, 12 meses en el año, etc.

En el proceso de crecimiento de la empresa, de pequeña a mediana, de mediana a grande, renueva cada vez nuevos conocimientos y nuevas asociaciones profesionales; ¡es esencial!

Duerme bien, tómate vacaciones, reúnete en tus comunidades de práctica, asiste a conferencias... ¡escribe libros! ;-)

El valor de nuestra gestión integrada se mantiene gracias a la salud emprendedora; ¡la gestión integrada también es gestión equilibrada!

¿Quién era yo antes de este capítulo?

Después de 10 años de empezar estos 100 primeros días, confieso que siento la presencia constante del **agotamiento emprendedor**, pero tengo mucho más coraje para continuar con el **liderazgo emprendedor**.

Es curioso que el "agotamiento emprendedor" también necesite planes de acción, estrategia y resultados; en su mitigación de riesgos.

Mientras que el "liderazgo emprendedor" te da la seguridad de lo que eres capaz, de ir más allá.

¡Quizás he escrito este capítulo para mi propia lectura y relectura!

Y que tú también puedas verte tan grande como eres...

... ¡y nunca más el que intentaron convertirte!

Semana 20: Gestión de la Innovación

" *Es en la claridad de la mente donde estalla la búsqueda del nuevo proceso. Y lo que es mi derecho lo exijo, no lo pido, con la intensidad de quien quiere vivir y elegir: ir por ahí o no. Nuestra primera antena es la palabra que expande, la verdad que asusta. Y repetimos que queremos, pero no buscamos; y, de forma abstracta, nos engañamos de haberlo hecho.*" -- Oswaldo Montenegro, "Rompecabezas Sin Luz"

En nuestra última semana, revisemos nuestras "**creencias limitantes**"...

Reflexionemos, por un momento, sobre qué falsas creencias impiden nuestro progreso.

Por ejemplo, ¿cuál es la imagen que se proyecta de un empresario de éxito?

Alto, bajo, gordo, delgado, apuesto, feo; obviamente, ¡no hay un estándar!

Ni siquiera pierdas el tiempo con esta u otras ideas superficiales y mediocres.

Gravitas

Una bellaa "**presencia ejecutiva**" se define mejor con el sutil termino: "*gravitas*", que se traduce como personalidad ética, de seriedad y apego al honor y al deber.

¡Esto es lo que le importa al CEO y a otros líderes!

Ahora, como contrapunto, ¿qué tal considerar un día simplemente perfecto?

Y si es perfecto, ¿por qué no buscarlo inmediatamente, para hoy mismo?

Es fascinante cómo un ligero cambio de pensamiento resulta en emociones muy diferentes y, en consecuencia, ¡en nuevas acciones y motivaciones!

Entonces podemos elegir realmente nuestros destinos.

En otro ejemplo, partiendo de la convicción de que ya tenemos un gran equipo de trabajo, éste puede mejorar aún más; ¡créeme!

Con cada nuevo enfoque, surgen nuevas posibilidades y más innovación; se forma históricamente un vasto repertorio de soluciones y resultados prácticos mucho mejores.

Artista y Científico

Intente siempre conciliar los papeles de artista y científico, ¡uniendo el estado del arte con la tecnología!

Científico es quien aplica el método científico, desde la formulación de hipótesis hasta la formulación de una teoría.

Curador es la persona encargada de montar y supervisar una obra que va a ser expuesta.

Y, si todo arte y toda ciencia evolucionan en reorganizaciones y reordenaciones, lo que se pretendía aquí, en este libro, ¡implicaba la creación de una vida profesional mucho más rica en contenido!

A modo de ejemplo, consideremos un museo en el que cada bifurcación de un pasillo presenta sólo dos obras de arte completamente diferentes: corresponde al visitante elegir tanto el estilo como la dirección que más le agraden.

¡Incluso podría recoger mediciones de cuáles son las trayectorias preferidas!

Así que espero igualmente, **recibir tus comentarios.**

Este final consiste en aceptar redefiniciones, reorientaciones, nuevas hipótesis y paradigmas diferentes.

Obviamente, nada fácil y siempre muy arriesgado.

¡Pero aquí están los 100 primeros pasos diarios, la escritura de nuevos caminos y la invitación a la transformación ejecutiva!

Trabajamos por una sociedad innovadora: para inspirar a quien podamos, venga de donde venga. ;-)

¿Quién era yo antes de este capítulo?

Aquí, en una breve nota y *"teaser*[1]*"* vale la pena tratar de adivinar lo que todavía queda por delante, después de estos 100 días...

A día de hoy, ¡ya hay 40 nuevas ideas en títulos de próximos libros a escribir!

Procesos, negocios, objetivos, estrategia, decisión, calidad, personas, liderazgo, agilidad, transformación digital, gestión, carrera, consultorías, tutorías...

¡Todo para un mundo empresarial mejor!

---

[1]https://es.wikipedia.org/wiki/Campa%C3%B1a_de_intriga

¿QUÉ QUEDÓ SIN DECIR?

" *Pienso en ti y estoy trabajando en un sueño. Estoy trabajando en un sueño y sé que algún día será nuestro. Al nacer el Sol, subo la escalera. Amanece un nuevo día y estoy trabajando en un sueño. Estoy trabajando en un sueño.*" -- Bruce Springsteen, "Working on a dream"

De la serie Gestión en la Práctica

Con cada número, el orden de escritura o lectura es menos importante: la publicación de un nuevo libro complementa y hace avanzar la misma serie, que siempre tiene en común el aprendizaje de la **gestión en la práctica.**

Es una propuesta de mejora continua, de riesgos y oportunidades, de estrategia y evaluación de resultados: tanto para el autor como para el lector.

Partimos de cualquier volumen o tema de interés y vamos componiendo nuestro propio **camino**: incorporando las lecciones aprendidas y evolucionando hacia nuevos retos.

Hoy, son 3 títulos:

• "**Gestión Por Procesos En La Práctica**: por donde comenzar la cultura de procesos de negocio"–**libro 1** de la serie Gestión En La Práctica.

• "**Gestión de Negocios**: MBA En La Práctica; como organizar tu pequeña y mediana empresa en 100 días"–**libro 2** de la serie Gestión En La Práctica.

• "**Una Gestión Por Objetivos**: OKR y KPI En La Práctica; controla y acelera los avances de tu negocio"–**libro 3** de la serie Gestión En La Práctica.

Todos los libros tienen su comercialización concentrada (no exclusivas) en **Amazon**: en formatos de eBook Kindle y versión impresa. También he ampliado la difusión en formato de audio (**audiolibros**) y en traducciones a otros **idiomas**. Y, para cada libro, planifico un curso respectivo en **escuela de negocios** (enseñanza a distancia y presencial).

Esta serie representa publicaciones independientes, sin la participación de una editorial establecida: del término "*indie author*" ("*independent author*"). Así, todos los costos, directos o indirectos, corren a cargo del propio autor.

No se trata de la incapacidad de encontrar un editor que se interese y haga inversiones; es más bien una opción de **libertad** editorial: publico mi verdad en su totalidad.

Partiendo, pues, de un estilo de escritura respetuoso con la adherencia gramatical, el mayor problema de los libros auto publicados radica en que es más raro que se reconozcan y más difícil encontrarlos.

Por esto, **tu comentario marca la diferencia**: si puedes, por favor, comparte tu valoración e impresiones, disponibles libremente en redes sociales y plataformas de lectura (principalmente, en Amazon).

¡Esta es una **gran revolución** que hay que valorar!

Sobre el autor

Es extraño terminar un libro sin haberme presentado: aquí va un breve mini currículum, de forma respetuosa y rápida...

Soy gestor de negocios de salud y CEO de Fonte Medicina Diagnóstica, con un MBA en Gestión de Proyectos e Ingeniería

Química como formación académica. Acumulo experiencia de gestión como líder técnico, arquitecto de soluciones y consultor de procesos. Poseo 10 certificaciones nacionales e internacionales de licencia profesional en gobernanza corporativa, desarrollo de negocios, dirección general y tecnología. Mantengo un rendimiento para la alineación estratégica, la formación de equipos de alto rendimiento y el enfoque en la calidad. En el día a día, soy un agente de cambio organizacional, con habilidades de negociación con diversas partes interesadas, en experiencias anteriores en el área industrial y en el desarrollo de software, sumado a la dirección actual de las operaciones. Con mis libros, también busco añadir valor a la marca de la empresa como autor.

Nuestro "**punto de encuentro**", para compartir "*todo lo que existe físicamente, la totalidad del espacio y el tiempo y todas las formas de materia, incluidos todos los planetas, estrellas, galaxias y los componentes del espacio intergaláctico* " como autor, instructor y consultor, en **LinkedIn**[1]: ¡todo apunta allí y toda la información útil sigue allí!

Será un placer recibir tu pedido de conexión, en mi perfil profesional (https://www.linkedin.com/in/cpbiz/) o en mi perfil de la empresa CPBiz Escuela de Negocios[2].

Refuerzo, también, mi plena disponibilidad para contactos directos: envíame un correo electrónico a claudiopires@claudiopires.com.

¡Habiendo llegado hasta aquí, sólo me queda agradecerte todo el tiempo y atención que me has dedicado y desearte una gran práctica!

De manera sincera y cordial, sigo a disposición y registro mi ¡**muchas gracias**!

Idea Central: ¡nos veremos! ;-)

---

[1]https://www.linkedin.com/in/cpbiz/
[2]https://www.linkedin.com/company/cpbiz-escola-de-neg%C3%B3cios/

/pod-product-compliance